書名：《鑒水極玄經》《秘授水法》合刊
系列：心一堂術數古籍珍本叢刊　堪輿類
作者：〔唐〕司馬頭陀、〔清〕鮑湘襟

主編、責任編輯：陳劍聰
心一堂術數古籍珍本叢刊編校小組：陳劍聰　素聞　梁松盛　鄒偉才　虛白盧主

出版：心一堂有限公司
地址／門市：香港九龍尖沙咀東麼地道六十三號好時中心LG 六十一室
電話號碼：+852-6715-0840
網址：www.sunyata.cc
電郵：sunyatabook@gmail.com
網上書店：http://book.sunyata.cc
網上論壇：http://bbs.sunyata.cc/

版次：二零一四年三月初版
平裝

定價：港幣　一百零八元正
人民幣　一百零八元正
新台幣　三百八十元正

國際書號：ISBN 978-988-8266-64-7

香港及海外發行：香港聯合書刊物流有限公司
地址：香港新界大埔汀麗路三十六號中華商務印刷大廈三樓
電話號碼：+852-2150-2100
傳真號碼：+852-2407-3062
電郵：info@suplogistics.com.hk

台灣發行：秀威資訊科技股份有限公司
地址：台灣台北市內湖區瑞光路七十六巷六十五號一樓
電話號碼：+886-2-2796-3638
傳真號碼：+886-2-2796-1377
網路書店：www.govbooks.com.tw
www.bodbooks.com.tw
經銷：易可數位行銷股份有限公司
地址：台灣新北市新店區寶橋路二三五巷六弄三號五樓
電話號碼：+886-2-8911-0825
傳真號碼：+886-2-8911-0801
email：book-info@ecorebooks.com
易可部落格：http://ecorebooks.pixnet.net/blog

中國大陸發行・零售：心一堂書店
深圳地址：中國深圳羅湖立新路六號東門博雅負一層零零八號
電話號碼：+86-755-8222-4934
北京地址：中國北京東城區雍和宮大街四十號
心一店淘寶網：http://sunyatacc.taobao.com

心一堂術數古籍 珍本／整理 叢刊 總序

術數定義

術數，大概可謂以「推算（推演）、預測人（個人、群體、國家等）、事、物、自然現象、時間、空間方位等規律及氣數，並或通過種種『方術』，從而達致趨吉避凶或某種特定目的」之知識體系和方法。

術數類別

我國術數的內容類別，歷代不盡相同，例如《漢書・藝文志》中載，漢代術數有六類：天文、曆譜、五行、蓍龜、雜占、形法。至清代《四庫全書》，術數類則有：數學、占候、相宅相墓、占卜、命書、相書、陰陽五行、雜技術等，其他如《後漢書・方術部》、《藝文類聚・方術部》、《太平御覽・方術部》等，對於術數的分類，皆有差異。古代多把天文、曆譜、及部份數學均歸入術數類，而民間流行亦視傳統醫學作為術數的一環；此外，有些術數與宗教中的方術亦往往難以分開。現代學界則常將各種術數歸納為五大類別：命、卜、相、醫、山，通稱「五術」。

本叢刊在《四庫全書》的分類基礎上，將術數分為九大類別：占筮、星命、相術、堪輿、選擇、三式、讖諱、理數（陰陽五行）、雜術（其他）。而未收天文、曆譜、算術、宗教方術、醫學。

術數思想與發展——從術到學，乃至合道

我國術數是由上古的占星、卜筮、形法等術發展下來的。其中卜筮之術，是歷經夏商周三代而通過

「龜卜、蓍筮」得出卜（筮）辭的一種預測（吉凶成敗）術，之後歸納並結集成書，此即現傳之《易經》。經過春秋戰國至秦漢之際，受到當時諸子百家的影響、儒家的推崇，遂有《易傳》等的出現，原本是卜筮術書的《易經》，被提升及解讀成有包涵「天地之道（理）」之學。因此，《易·繫辭傳》曰：「易與天地準，故能彌綸天地之道。」

漢代以後，易學中的陰陽學說，與五行、九宮、干支、氣運、災變、律曆、卦氣、讖緯、天人感應說等相結合，形成易學中象數系統。而其他原與《易經》本來沒有關係的術數，如占星、形法、選擇，亦漸漸以易理（象數學說）為依歸。《四庫全書·易類小序》云：「術數之興，多在秦漢以後。要其旨，不出乎陰陽五行，生尅制化。實皆《易》之支派，傳以雜說耳。」至此，術數可謂已由「術」發展成「學」。

及至宋代，術數理論與理學中的河圖洛書、太極圖、邵雍先天之學及皇極經世等學說給合，通過術數以演繹理學中「天地中有一太極，萬物中各有一太極」（《朱子語類》）的思想。術數理論不單已發展至十分成熟，而且也從其學理中衍生一些新的方法或理論，如《梅花易數》、《河洛理數》等。

在傳統上，術數功能往往不止於僅僅作為趨吉避凶的方術，及「能彌綸天地之道」的學問，亦有其「修心養性」的功能，「與道合一」（修道）的內涵。《素問·上古天真論》：「上古之人，其知道者，法於陰陽，和於術數。」數之意義，不單是外在的算數、歷數、氣數，而是與理學中同等的「道」、「理」——心性的功能，北宋理氣家邵雍對此多有發揮：「聖人之心，是亦數也」、「萬化萬事生乎心」、「心為太極」。《觀物外篇》：「先天之學，心法也。……蓋天地萬物之理，盡在其中矣，心一而不分，則能應萬物。」反過來說，宋代的術數理論，受到當時理學、佛道及宋易影響，認為心性本質上是等同天地之太極。天地萬物氣數規律，能通過內觀自心而有所感知，即是內心也已具備有術數的推演及預測、感知能力；相傳是邵雍所創之《梅花易數》，便是在這樣的背景下誕生。

《易．文言傳》已有「積善之家，必有餘慶；積不善之家，必有餘殃」之說，至漢代流行的災變說及讖緯說，我國數千年來都認為天災，異常天象（自然現象），皆與一國或一地的施政者失德有關；下至家族、個人之盛衰，也都與一族一人之德行修養有關。因此，我國術數中除了吉凶盛衰理數之外，人心的德行修養，也是趨吉避凶的一個關鍵因素。

術數與宗教、修道

在這種思想之下，我國術數不單只是附屬於巫術或宗教行為的方術，又往往是一種宗教的修煉手段——通過術數，以知陰陽，乃至合陰陽（道）。「其知道者，法於陰陽，和於術數。」例如，「奇門遁甲」術中，即分為「術奇門」與「法奇門」兩大類。「法奇門」中有大量道教中符籙、手印、存想、內煉的內容，是道教內丹外法的一種重要外法修煉體系。甚至在雷法一系的修煉上，亦大量應用了術數內容。此外，相術、堪輿術中也有修煉望氣（氣的形狀、顏色）的方法；堪輿家除了選擇陰陽宅之吉凶外，也有道教中選擇適合修道環境（法、財、侶、地中的地）的方法，以至通過堪輿術觀察天地山川陰陽之氣，亦成為領悟陰陽金丹大道的一途。

易學體系以外的術數與的少數民族的術數

我國術數中，也有不用或不全用易理作為其理論依據的，如揚雄的《太玄》、司馬光的《潛虛》。也有一些占卜法、雜術不屬於《易經》系統，不過對後世影響較少而已。

外來宗教及少數民族中也有不少雖受漢文化影響（如陰陽、五行、二十八宿等學說）但仍自成系統的術數，如古代的西夏、突厥、吐魯番等占卜及星占術，藏族中有多種藏傳佛教占卜術、苯教占卜術、擇吉術、推命術、相術等；北方少數民族有薩滿教占卜術；不少少數民族如水族、白族、布朗族、佤族、彝族、苗族等，皆有占雞（卦）草卜、雞蛋卜等術，納西族的占星術、占卜術，彝族畢摩的推命術、占卜術……等等，都是屬於《易經》體系以外的術數。相對上，外國傳入的術數以及其理論，對我國術數影響更大。

曆法、推步術與外來術數的影響

我國的術數與曆法的關係非常緊密。早期的術數中，很多是利用星宿或星宿組合的位置（如某星在某州或某宮某度）付予某種吉凶意義，并據之以推演，例如歲星（木星）、月將（某月太陽所躔之宮次）等。不過，由於不同的古代曆法推步的誤差及歲差的問題，若干年後，其術數所用之星辰的位置，已與真實星辰的位置不一樣了；此如歲星（木星），早期的曆法及術數以十二年為一周期（以應地支），與木星真實周期十一點八六年，每幾十年便錯一宮。後來術家又設一「太歲」的假想星體來解決，是歲星運行的相反，週期亦剛好是十二年。而術數中的神煞，很多即是根據太歲的位置而定。又如六壬術中的「月將」，原是立春節氣後太陽躔娵訾之次而稱作「登明亥將」，至宋代，因歲差的關係，要到雨水節氣後太陽才躔娵訾之次，當時沈括提出了修正，但明清時六壬術中「月將」仍然沿用宋代沈括修正的起法沒有再修正。

由於以真實星象周期的推步術是非常繁複，而且古代星象推步術本身亦有不少誤差，大多數術數除依曆書保留了太陽（節氣）、太陰（月相）的簡單宮次計算外，漸漸形成根據干支、日月等的各自起例，以起出其他具有不同含義的眾多假想星象及神煞系統。唐宋以後，我國絕大部份術數都主要沿用這一系統，也出現了不少完全脫離真實星象的術數，如《子平術》、《紫微斗數》、《鐵版神數》等。後來就連一些利用真實星辰位置的術數，如《七政四餘術》及選擇法中的《天星選擇》，也已與假想星象及神煞混合而使用了。

隨着古代外國曆（推步）、術數的傳入，如唐代傳入的印度曆法及術數，元代傳入的回回曆等，其中我國占星術便吸收了印度占星術中羅睺星、計都星等而形成四餘星，又通過阿拉伯占星術而吸收了其中來自希臘、巴比倫占星術的黃道十二宮、四元素學說（地、水、火、風），並與我國傳統的二十八宿、五行說、神煞系統並存而形成《七政四餘術》。此外，一些術數中的北斗星名，不用我國傳統的星名：天樞、天璇、天璣、天權、玉衡、開陽、搖光，而是使用來自印度梵文所譯的：貪狼、巨門、祿存、文曲，廉貞、武曲、破軍等，此明顯是受到唐代從印度傳入的曆法及占星術所影響。如星命術的《紫微斗數》及堪輿術的《撼龍經》等文獻中，其星皆用印度譯名。及至清初《時憲曆》，置閏之法則改用西法「定氣」。清代以後的術數，又作過不少的調整。

陰陽學——術數在古代、官方管理及外國的影響

術數在古代社會中一直扮演着一個非常重要的角色，影響層面不單只是某一階層、某一職業、某一年齡的人，而是上自帝王，下至普通百姓，從出生到死亡，不論是生活上的小事如洗髮、出行等，大事如建房、入伙、出兵等，從個人、家族以至國家，從天文、氣象、地理到人事、軍事，從民俗、學術到宗教，都離不開術數的應用。我國最晚在唐代開始，已把以上術數之學，稱作陰陽（學），行術數者稱陰陽人。（敦煌文書、斯四三二七唐《師師漫語話》：「以下說陰陽人謾語話」，此說法後來傳入日本，今日本人稱行術數者為「陰陽師」）。一直到了清末，欽天監中負責陰陽術數的官員中，以及民間術數之士，仍名陰陽生。

古代政府的中欽天監（司天監），除了負責天文、曆法、輿地之外，亦精通其他如星占、選擇、堪輿等術數，除在皇室人員及朝庭中應用外，也定期頒行日書、修定術數，使民間對於天文、日曆用事吉

凶及使用其他術數時，有所依從。

中國古代政府對官方及民間陰陽學及陰陽官員，從其內容、人員的選拔、培訓、認證、考核、律法監管等，都有制度。至明清兩代，其制度更為完善、嚴格。

宋代官學之中，課程中已有陰陽學及其考試的內容。（宋徽宗崇寧三年〔一一零四年〕崇寧算學令：「諸學生習……並曆算、三式、天文書。」，「諸試……三式即射覆及預占三日陰陽風雨。天文即預定一月或一季分野災祥，並以依經備草合問為通。」

金代司天臺，從民間「草澤人」（即民間習術數之士）考試選拔：「其試之制，以《宣明曆》試推步，及《婚書》、《地理新書》試合婚、安葬，並《易》筮法，六壬課、三命、五星之術。」（《金史》卷五十一・志第三十二・選舉一）

元代為進一步加強官方陰陽學對民間的影響、管理、控制及培育，除沿襲宋代、金代在司天監掌管陰陽學及中央的官學陰陽學課程之外，更在地方上增設陰陽學之課程（《元史・選舉志一》：「世祖至元二十八年夏六月始置諸路陰陽學。」）地方上也設陰陽學教授員，培育及管轄地方陰陽人。（《元史・選舉志一》：「（元仁宗）延祐初，令陰陽人依儒醫例，於路、府、州設教授員，凡陰陽人皆管轄之，而上屬於太史焉。」）自此，民間的陰陽術士（陰陽人），被納入官方的管轄之下。

至明清兩代，陰陽學制度更為完善。中央欽天監掌管陰陽學，明代地方縣設陰陽學正術，各州設陰陽學典術，各縣設陰陽學訓術。陰陽人從地方陰陽學肆業或被選拔出來後，再送到欽天監考試。（《大明會典》卷二二三：「凡天下府州縣舉到陰陽人堪任正術等官者，俱從吏部送（欽天監），考中，送回選用；不中者發回原籍為民，原保官吏治罪。」）清代大致沿用明制，凡陰陽術數之流，悉歸中央欽天監及地方陰陽官員管理、培訓、認證。至今尚有「紹興府陰陽印」、「東光縣陰陽學記」等明代銅印，及某某縣某某之清代陰陽執照等傳世。

清代欽天監漏刻科對官員要求甚為嚴格。《大清會典》「國子監」規定：「凡算學之教，設肄業生。滿洲十有二人，蒙古、漢軍各六人，於各旗官學內考取。漢十有二人，於舉人、貢監生童內考取。附學生二十四人，由欽天監選送。教以天文演算法諸書，五年學業有成，舉人引見以欽天監博士用，貢監生童以天文生補用。」學生在官學肄業、貢監生肄業或考得舉人後，經過了五年對天文、算法、陰陽學的學習，其中精通陰陽術數者，會送往漏刻科。而在欽天監供職的官員，《大清會典則例》「欽天監」規定：「本監官生三年考核一次，術業精通者，保題升用。不及者，停其升轉，再加學習。如能黽勉供職，即予開複。仍不及者，降職一等，再令學習三年，能習熟者，准予開複，仍不能者，黜退。」除定期考核以定其升用降職外，《大清律例》中對陰陽術士不準確的推斷（妄言禍福）是要治罪的。《大清律例．一七八．術七．妄言禍福》：「凡陰陽術士不許於大小文武官員之家妄言禍福，違者杖一百。其依經推算星命卜課，不在禁限。」大小文武官員延請的陰陽術士，自然是以欽天監漏刻科官員或地方陰陽官員為主。

官方陰陽學制度也影響鄰國如朝鮮、日本、越南等地，一直到了民國時期，鄰國仍然沿用着我國的多種術數。而我國的漢族術數，在古代甚至影響遍及西夏、突厥、吐蕃、阿拉伯、印度、東南亞諸國。

術數研究

術數在我國古代社會雖然影響深遠，「是傳統中國理念中的一門科學，從傳統的陰陽、五行、九宮、八卦、河圖、洛書等觀念作大自然的研究。……傳統中國的天文學、數學、煉丹術等，要到上世紀中葉始受世界學者肯定。可是，術數還未受到應得的注意。術數在傳統中國科技史、思想史，文化史、社會史，甚至軍事史都有一定的影響。……更進一步了解術數，我們將更能了解中國歷史的全貌。」（何丙郁《術數、天文與醫學中國科技史的新視野》，香港城市大學中國文化中心。）

可是術數至今一直不受正統學界所重視，加上術家藏秘自珍，又揚言天機不可洩漏，「（術數）乃吾國科學與哲學融貫而成一種學說，數千年來傳衍嬗變，或隱或現，全賴一二有心人為之繼續維繫，賴以不絕，其中確有學術上研究之價值，非徒癡人說夢，荒誕不經之謂也。其所以至今不能在科學中成立一種地位者，實有數困。蓋古代士大夫階級目醫卜星相為九流之學，多恥道之；而發明諸大師又故為惝恍迷離之辭，以待後人探索；間有一二賢者有所發明，亦秘莫如深，既恐洩天地之秘，復恐譏為旁門左道，始終不肯公開研究，成立一有系統說明之書籍，貽之後世。故居今日而欲研究此種學術，實一極困難之事。」（民國徐樂吾《子平真詮評註》，方重審序）

現存的術數古籍，除極少數是唐、宋、元的版本外，絕大多數是明、清兩代的版本。其內容也主要是明、清兩代流行的術數，唐宋以前的術數及其書籍，大部份均已失傳，只能從史料記載、出土文獻、敦煌遺書中稍窺一鱗半爪。

術數版本

坊間術數古籍版本，大多是晚清書坊之翻刻本及民國書賈之重排本，其中豖亥魚魯，或而任意增刪，往往文意全非，以至不能卒讀。現今不論是術數愛好者，還是民俗、史學、社會、文化、版本等學術研究者，要想得一常見術數書籍的善本、原版，已經非常困難，更遑論稿本、鈔本、孤本。在文獻不足及缺乏善本的情況下，要想對術數的源流、理法、及其影響，作全面深入的研究，幾不可能。

有見及此，本叢刊編校小組經多年努力及多方協助，在中國、韓國、日本等地區搜羅了一九四九年以前漢文為主的術數類善本、珍本、鈔本、孤本、稿本、批校本等數百種，精選出其中最佳版本，分別輯入兩個系列：

一、心一堂術數古籍珍本叢刊

二、心一堂術數古籍整理叢刊

前者以最新數碼技術清理、修復珍本原本的版面，更正明顯的錯訛，部份善本更以原色精印，務求更勝原本，以饗讀者。後者延請、稿約有關專家、學者，以善本、珍本等作底本，參以其他版本，進行審定、校勘、注釋，務求打造一最善版本，供現代人閱讀、理解、研究等之用。不過，限於編校小組的水平，版本選擇及考證、文字修正、提要內容等方面，恐有疏漏及舛誤之處，懇請方家不吝指正。

心一堂術數古籍 珍本 整理 叢刊編校小組

二零一三年九月修訂

水法極玄

司馬頭陀

先賢卜地先看山次看水穴雖在山禍福在水所以點穴之法次水定之山靜屬陰水動屬陽有山無水謂之寡有水無山謂之孤經云水凶山吉年年哭泣水吉山凶家道興隆只用天干不用地支水法皆然乾坤艮巽大神主長甲庚丙壬中神主中乙辛丁癸小神主少謂之內三神用之吉寅申巳亥大神子午卯酉中神辰戌丑未小神亦配三房地支不問坐向放水來去併凶逢太歲冲動即見禍依金木水火土定吉凶或往來復行

干多支少平吉支多干少大凶干清流長支濁流短凄來凄去謂之駁雜如法者八干來四維去為妙若小神不入中神中神不入大神則不吉矣有四大神若八干水不來只平穩無禍不發謂之無祿馬貴人如水神不相尅從不大發無禍此吉凶之大略也以古蹟驗之則予之言不妄水法既吉又得年月日時吉尤為美也寅申巳亥乃亡神劫殺之地子午卯酉乃桃花咸池之地辰戌丑未乃墓庫魁罡之地水法皆忌之

鑒水極玄經叙

司馬頭陀

地理之法以龍穴砂水四者為主必當究其玄奧可以坐勢尋龍隨氣點穴是以五星有定體脩載圖經須要得水為上藏風次之進退相宜方成吉地所以水神一法禍福最繫水本靜屬陰動則屬陽吉凶有驗專以後天五行為主並安禄馬貴人奇星過度同流大神若不到此徒知識有龍穴也殊不知龍穴與水法不同各有兩端之用得傳者不悞于世人使生者所居死者所瘞得其地亦不貽懲于造物可謂地行仙矣今之術者多

以先天五行為主倒裝生旺反用休囚各執所用其說如此玄妙用之全無應驗捏模不着蓋為先賢秘而不傳迷失正者轉見訛謬禍福難憑幸遇至人傳授此法乃賴上金精山人正傳實司馬頭陀水法其驗如神見傳于世知過去未來富貴貧賤壽夭賢愚盲聾音啞跏跛疾病瘟火敗畜破財生產興衰長短應何年月夫山之靜禍福見遲水之動禍福見速山要四大神起祖降勢出身自大至小水要自小神至中神中神至大神而天干清地支濁吉曜聚于天干歲煞聚于地支故論吉凶須明

水之去来禍福凡各郡邑皆合此理法曾楊所用之訣亦在其中矣乾坤艮巽為四大神四鴻門四御街甲庚丙壬乙辛丁癸為中神十二支神為小神要祿馬貴人同步御街方為富貴兩全之地萬事稱意子孫綿遠口主一隅學者當思過半矣今將水法具于後須當秘之不可輕授凡我同志珍之慎之

金書祿馬貴人例總論并論御街水

要知祿馬貴人鄉癸丁為貴細推詳甲乙丙辛為正馬甲庚丙壬祿位強祿馬同鄉甲丙是乾坤艮巽御街長更有官僚文貴

水子午夘酉合旗鎗。

　。正馬正祿借馬借祿

乾用丙壬。坤用甲庚。巽求壬丙。艮求庚甲。

乾宮正馬甲方求。坎子原來丙上遊。辛是乾宮之正祿。三宮齊到福無休。

巽辛正馬甲正祿。艮丙馬兮祿乙搜。坤以乙兮為正馬。丙家正祿更溫柔。

乾宮借馬巽宮求。巽向乾宮借馬遊坤艮兩宮來去借。須知有

馬定封侯、

辛水流乾是乾宮。于巽宮借馬上御街。　甲水流巽是巽宮。于乾宮借馬上御街。　乙水流艮是艮宮。于坤宮借遊地戶。丙水流坤是坤宮。于艮宮借馬步鴻門。

乾甲巽辛官職高。艮丙坤乙馬上橋。乾辛巽甲須及第。艮乙坤丙披綠袍。　馬若上街須及第。六神四位出公侯、更逢正祿來相佐。子孫富貴保千秋。

凡四大神水去、須要祿馬上街、正馬雖好、又不如借馬快六

年後當大發、凡人家放宅水、先取御街、次馬、次祿、先馬後祿如此全、必定富貴綿遠、

凡人家水流到小神上去。不上四大神位。謂之中央隔斷。不發旺財祿。若人家放水流四大神去。無八干水來。亦不發積。又不可貪前水。失後龍。

詩曰

貪前失後還為謬。心裡狐疑仔細看。緩處來龍須急下。急龍須向緩中安。

要得真龍正穴、來龍急氣脉大、緩處是正穴、來龍緩氣脉小、急處是正穴、又要檢點十道、左右前朝後應、開煞生旺、及形勢何如、訣是何處扦穴、扦穴之法、要合金、木、水、火、土、數推水一、火二、木三、金四、土五、謂之金尺量法、此間正有口訣、

凡放水、不問天干地支、乾流、僻冲、江、河、溪、澗、墓、林、天井、溝、渠、大小一切收、俱要血脉貫通、若論步數、以四尺八寸為一步、其水慢者、三年一步。三十年十步。急者、一年三步。十年三十步。不急不慢、一年一步。水行益前。山行益後。以太歲冲動之年定禍福。

金尺量法

以水一火二木三金四土五為定如涂丁屬金得四數流午屬火得二數交丙屬火亦二數交巳屬木得三數巽為水得一數以二十四位天干地支取屬五行依數推之以定太歲禍福其應如神

三合連珠爛錢水

乙甲艮兼丁丙巽辛庚坤與癸壬乾貴人合得連珠水三合連珠爛了錢

富貴水

辛入乾宮百萬庄。癸歸艮位發文章。乙向巽流清富貴。丁坤終是萬斯箱。

四貪狼水起倒次第

貪。巨。祿。文。廉。武。破。輔。

乾甲午寅壬戌山。艮丙辛上起貪狼。艮丙卯庚亥未山。巽庚癸上起貪狼。坤乙坎癸申辰山。坤壬乙上起(貪)狼。丑巽巳丁辛酉山。乾甲丁上起貪狼。巽庚癸兼乾甲丁。艮丙辛兼坤壬乙。三貪狼水真奇異。定出高名及第人。

四大神水無祿例　只合五行吉、

乾山巽向出朝官。水去水來總一般。莫教辰巳來去見。男孤女寡受貧寒。巽坐水流乾上去。金水相生家富貴。若流辛戌亥壬鄉。失火徒刑遭幾次。

乾山巽　巽山乾　當面放水長流不折。大富大貴至驗。

坤山艮向出富豪。為官分外更清高。切忌丑寅支上去。瘟瘴虎咬幾番遭。艮山坤向還主富。廣置田庄開質庫。莫教申未兩支流。賣盡田園仍絶戶。

坤山艮　艮山坤　當面放水長流不拘、大吉。

坤艮二神位不論生尅。只恐流向別神位上去。便論生尅、閉煞。作不得坤艮向。

。奇星過度

乾癸坤辛正是奇。艮乙巽丁過度時。若得相逢無逆順。登雲早折月中枝。

癸向水流乾、辛向水流坤、餘倣此。

。論來水

水來壬子、發橫財。發田地、水來巽巳丙、田蚕聲價定。水來庚酉

辛蚕丑旺相因

○論去水

水流乾亥去大富金銀位丑艮若流長發福更文章巽巳長流下積錢却孤寡流水去向坤田地遍他州支神須要短長流是大神

○債木水

甲龍乙卯丙羊窠庚犬丁蛇怕水過壬猪辛猴為債水癸牛冬月去生禾甲水不可流辰乙水不可流卯之類皆是大神交小神不合生旺

四貪狼格局圖

癸水流巽出貴

丁水流乾出貴

辛水流艮大富

乙水流坤主富

三奇過度格局圖

此四格以坐山配局與爛錢格不同

癸水流乾去

乙水流艮去

辛水流坤去

丁水流巽去

巽　丙　丁

乾　壬　癸

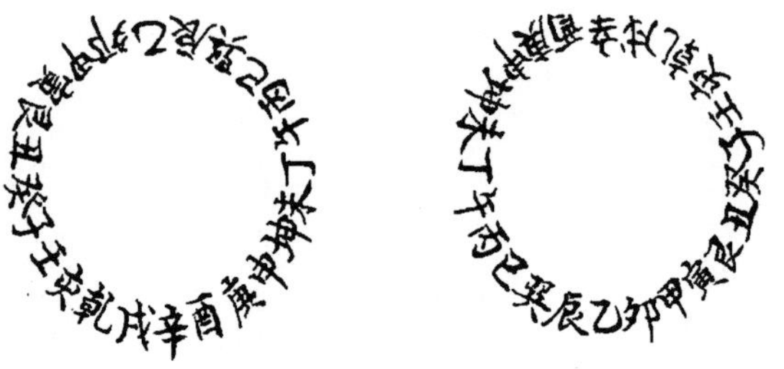

癸歸艮位發文章　丁坤終是萬斯箱

訣曰

乾山巽向出朝官水去水来總一般莫教辰巳来去見男孤女寡受貧寒

訣曰

巽坐水流乾上去金水相生家富貴若流辛戌亥壬鄉失火徒刑遭幾次

訣曰

坤山艮向出富豪為官外更清高切忌丑寅支上去瘟瘽虎咬幾番遭

訣曰

艮山坤向還主富廣置田庄開質庫莫教申未兩支流責盡田園仍絕户

水城圖以巳午未三向為例

倒右橫水生來墓去之圖

四正向

丙火墓口戌去

丙火生水寅來

橫水城左水倒
右出大墓口去宜
立四正向則四陽
干之生氣從左
來上堂往右大
墓而去

四正向甲庚丙壬子午卯酉

倒右橫水生來墓去之圖

四庫向

丙墓口戌去

丙火長生寅來

橫水城左水倒右面
宜正向倘遇堂局砂
水偏斜或正面是四
維向不可立正向者
則立衰向收之蓋
衰乃旺之餘氣四
庫雜氣之方水神
可來可去也

四庫向

乙辛丁癸辰戌丑未

倒右橫水先天文口之圖

四陰干之敗方左右

借丁敗于申文口去

庚絕為小長生在寅来

四陽干之小長生在左

橫水城左水倒右出文口者宜立四維向要水口真正從文口去者方可盖形局不可立四正四庫向也

此四陽借四陰之文口局

倒左橫水生来墓去之圖

丁火長生酉来

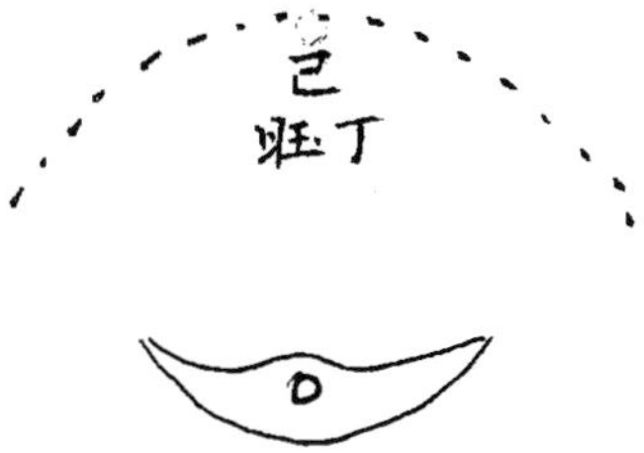

丁墓口丑去

橫水城右水倒左去大墓口方宜立四維向則四陰之長生從右来上堂往左方大墓而去也

四維向

乾坤艮巽寅申巳亥

倒左橫水生來墓去之圖

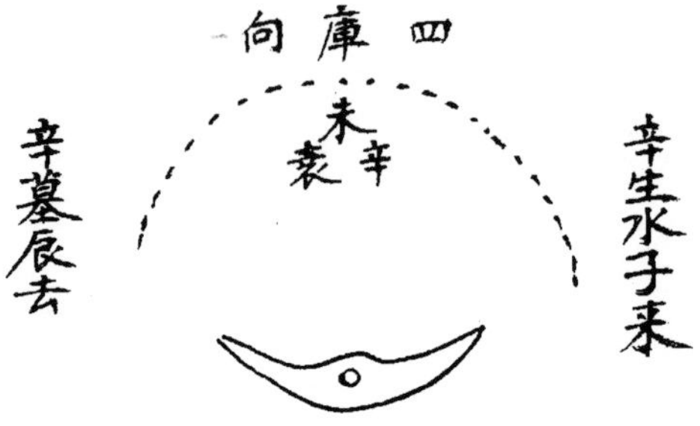

此橫水城右水
倒左難立四維
向左則立衰向
收之其說見上
四庫向
乙辛丁癸辰戌
丑未

倒左橫水先天文口之圖

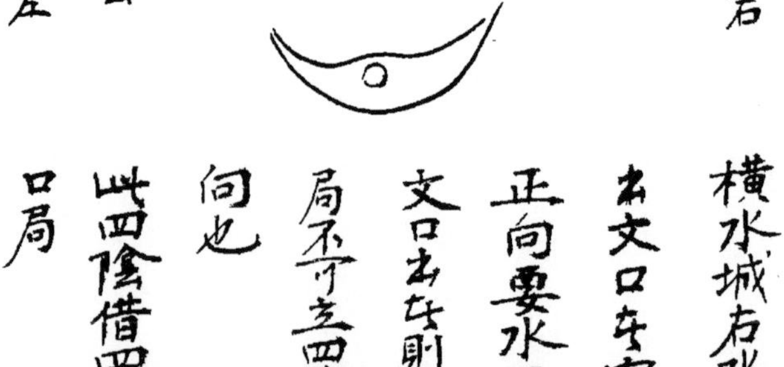

橫水城右水倒左
右文口左宜立四
正向要水口真正從
文口右左則可蓋形
局不可立四維四庫
向也
此四陰借四陽之文
口局

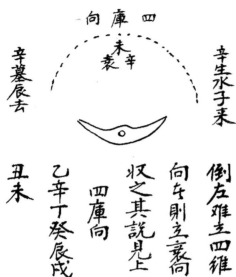

倒右正朝生來墓去之圖

正形水左水倒
右出大墓口去
宜立四正向則四
陽之長生從左
來而面前旺水
大朝主大富朝
來城必不可立
四庫向

四正向
甲庚丙壬子午卯酉

倒右正朝先天文口之圖

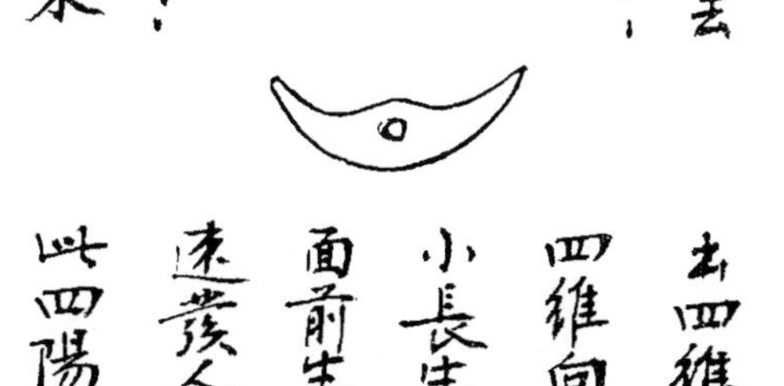

正形水左水倒右
出四維口去可立
四維向則四陽之
小長生從左來而
面前生水大形主
速發人丁
此四陽借四陰之
文口局

倒左正朝生來墓去之圖

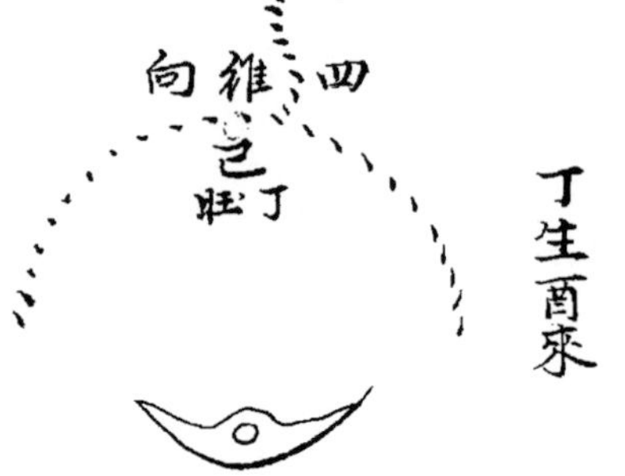

正龍水右水倒左出大墓口坐宜立四維向則四陰干之生水從右來倒左出墓口而面前旺水特龍主大富也

四維向
乾坤艮巽
寅申巳亥

倒左正龍先天文口之圖

正龍水右水倒左出文口坐可立四正向則四陰干之小長生從右來而前沿生水大龍主速發人丁

甲庚丙壬子午卯酉向
此四陰借四陽之
沐口局

倒右斜水生來衰去之圖

斜水城左水倒右出
庫方宜立四正向
則四陽之長生從左
來上堂往右角衰方
而去其右來之水係
四陰之小長生從左去
而合于大水也
順騎龍局全
甲庚丙寅
子午卯酉 四正向

倒右斜水生來病去之圖

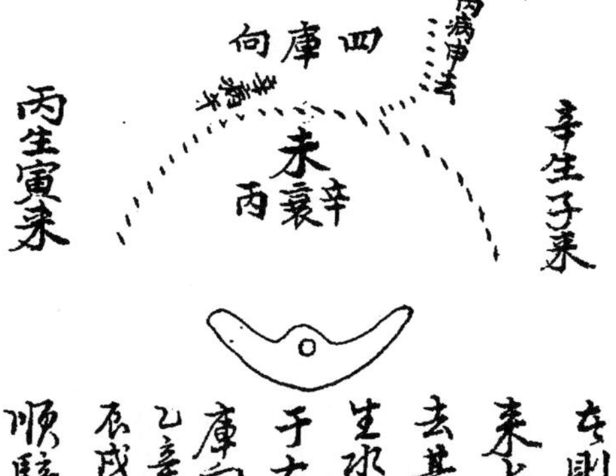

斜水城左倒右出四墓
庫則四陽之長生從左
來上堂往右角病方而
去其右來之水係四陰之
生水至午病方出而合
于左水去也宜立四
庫向
乙辛丁癸
辰戌丑未向
順騎龍全局

倒右斜水先天文口之圖

斜水城左水倒右出四正方坐宜立四維向四陽之小墓從左來上堂往右角文口而去其右之水係四陰干之長生往衰方出而合于大水也

順騎龍同局

乾坤艮巽向

寅申巳亥

倒左斜水生來衰去之圖

斜水城右水倒左出四庫坐宜立四維向則四陰之長生從右來上堂往左角衰方而去其左水係四陽之小長生從文出而合于右水也

順騎龍同局

乾坤艮巽向

寅申巳亥

倒左斜水生来病去之圖

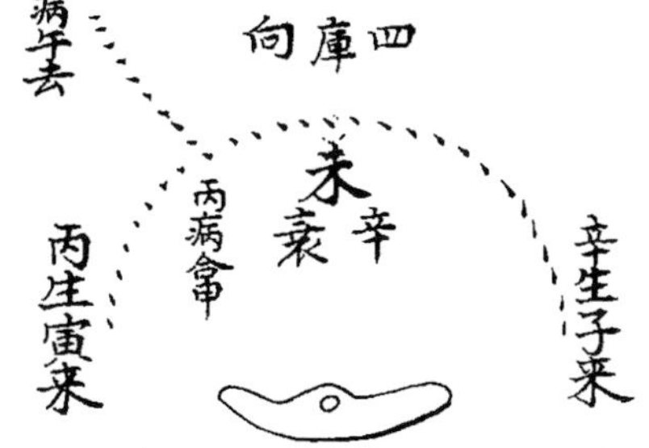

斜水城右水倒右出四正口者宜立四庫向則四隅之長生從右来上堂往左角病方而去其左来之係四陽之長生往病方出而合于右水也

順騎龍同局

乙辛丁癸 辰戌丑未 四庫向

倒左斜水先天文口之圖

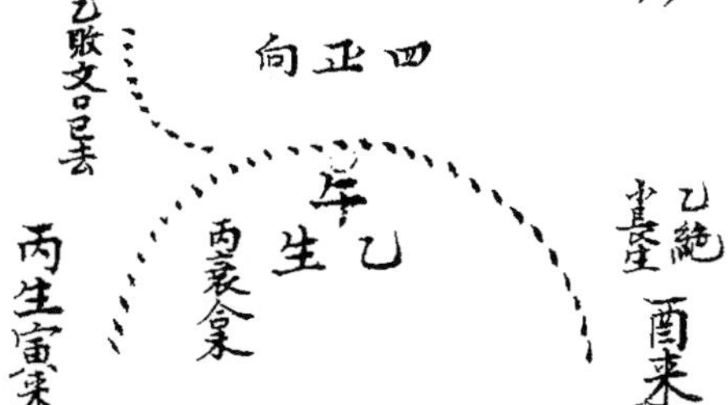

斜水城右水倒左出四維口皆宜立四正向則四陰小長生從右来上堂往左角文口而去其左来之水係四陽之長生由衰方而合于右水也

順騎龍全局

甲丙庚壬 子午卯酉 四正向

織水城內堂出墓之圖

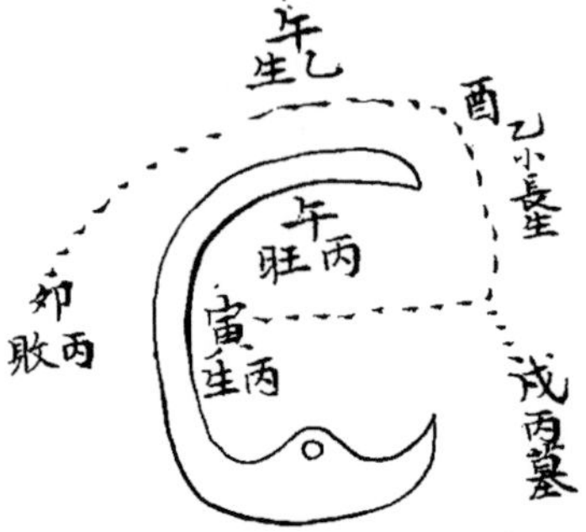

內堂倒右為四陽之氣外堂倒右為四陰之氣立四正向則內出四陽之墓外四陰借四陽之文口去也兩堂之局理具于橫水斜水圖中茲不重贅

四正向

織水城內堂出墓之圖

此局与前局同但前局外口出四正方為四陽借四陰之文口此局外水斜去出四維為四陰之文口惟此異耳

四正向

織水城內堂文口之圖

此局內堂出四陽之文口外堂出四陰之墓口故立四維向以收之也

織水城內堂出文口之圖

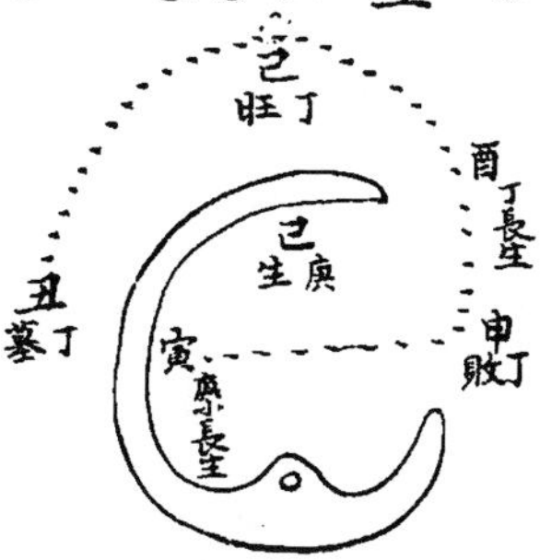

此局與前局同但前局內堂出四陽之文口此局內堂出四維方爲四陽借四陰之文口惟此稍異

織水城左右出墓之圖

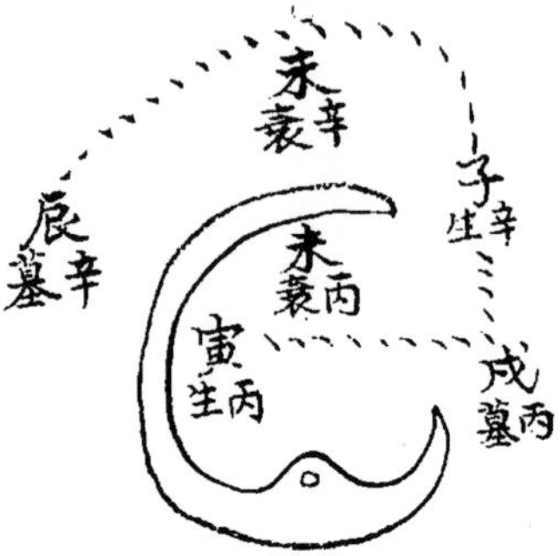

此局內外兩堂俱出墓口宜立四庫向像八干之衰向右左兩倒均吉也

織水城內堂文口之圖

內堂倒左為四陰之氣外堂倒右為四陽之氣立四正向則內出四陰借四陽之文口外則出四陽之墓去也

織水城內堂文口之圖

此局与前仝但前局內堂出四正方為四陰借四陽之文口此局內水斜出四維方為四陰之文口惟此与前異

織水城內堂出墓之圖

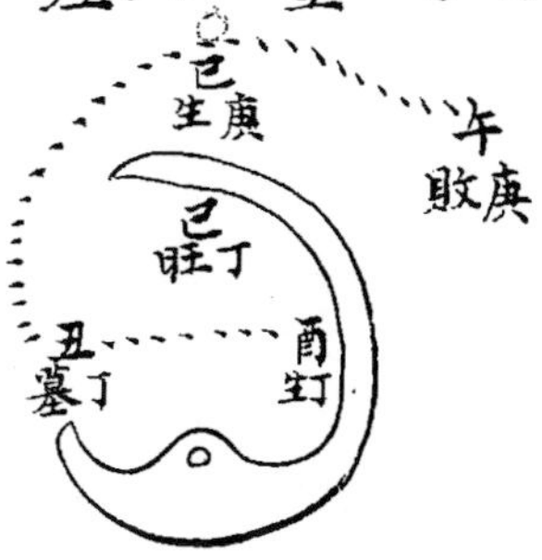

此局內堂出四陰之墓外堂出四陽之文口故立四維向以收之也

織水城内堂出墓之圖

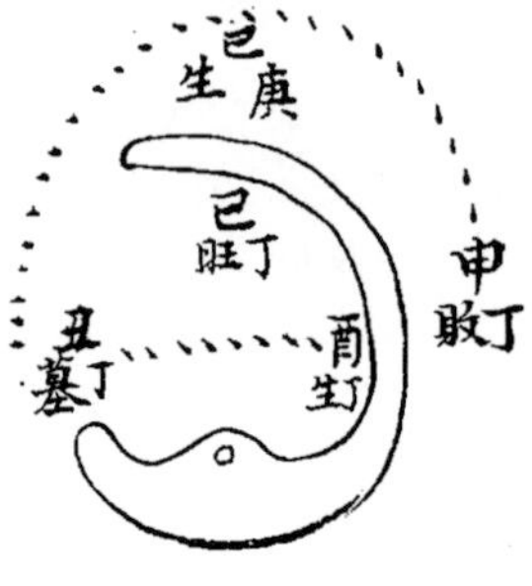

此局与前局同但
前局外堂水出四
正方為四陽之文
口此局出四維方
為四陽借四陰之
文口惟此与上異

織水城左右出墓之圖

此局内外兩堂俱
出墓口宜立四庫
向係八干之衰向
左右兩倒俱合也

倒右囘水生来墓去之圖

囘水局左水倒右遶後出大墓者宜立四維向則四陽之長生従前来往後左墓方而去内堂之水従小長来出文口也

倒右囘水生来墓去之圖

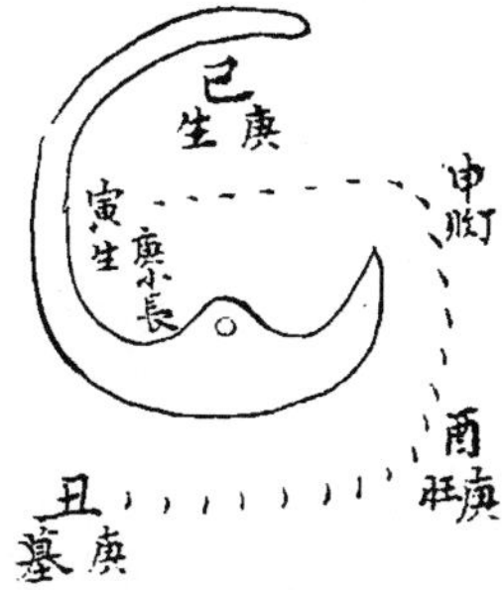

此局仝前但前局内堂之水斜出像四陽之水文口此局内堂水横出像四陽借四陰之文口惟此与上異

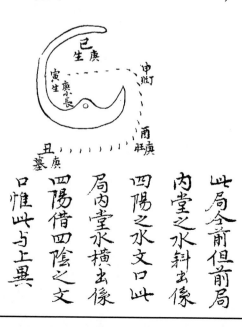

倒右囘水生來文去之圖

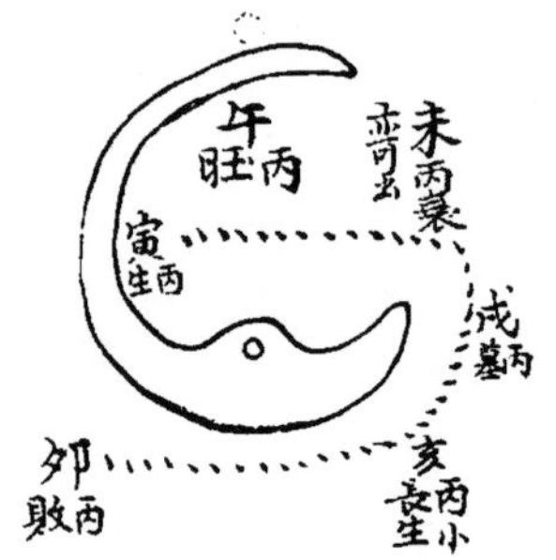

左水倒右遶後出文口者則四陽之長生從左來過內堂出墓口四陽之小長生從右遶後而出文口也

甲庚丙壬
子午卯酉　四正向

倒右囘水生來文去之圖

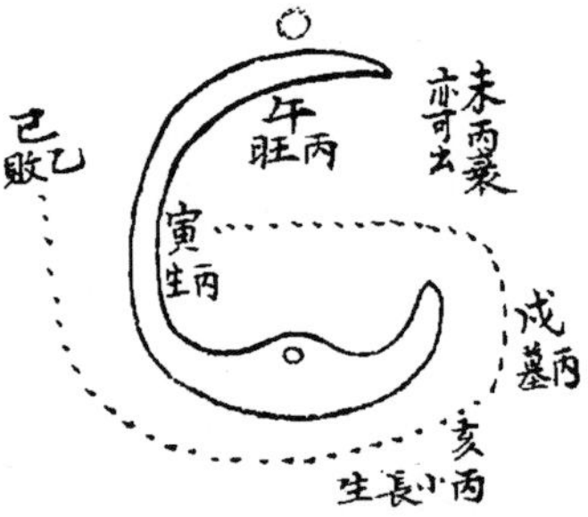

此局仝前但前局去水之口橫去係四陽之本文口此再逆上斜出左角乃四陽借四陰之文口惟此與上異

甲庚丙壬
子午卯酉　四正向

倒左回水生来墓去之圖

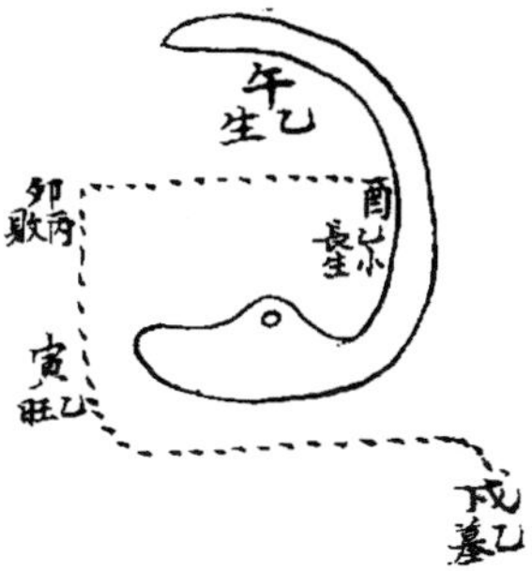

右水倒左逸後出大墓者宜立四正向則四陰之生氣從前来往後右墓方而去其内堂之水從小長生而来借四陽之文口出也

甲庚丙壬
子午卯酉 四正向

倒左回水生来墓去之圖

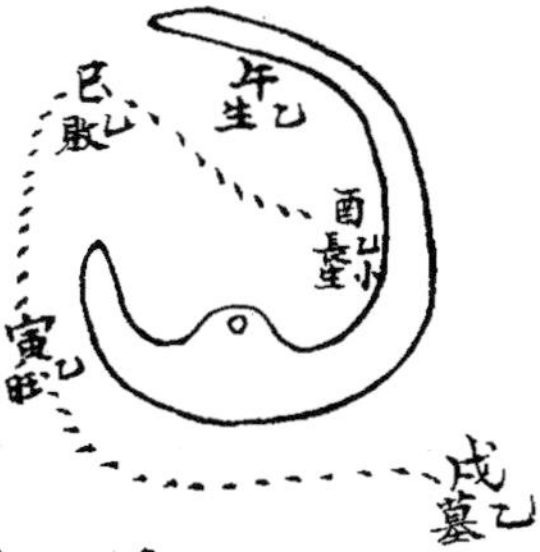

此局仝前但前局内堂之水横出係四陰借四陽之文口此局内堂之水斜從左角而出則為四陰之本文口惟此異于上局

甲庚丙壬
子午卯酉 四正向

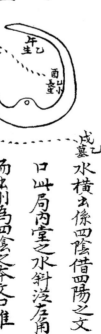

倒左回水生来文去之圖

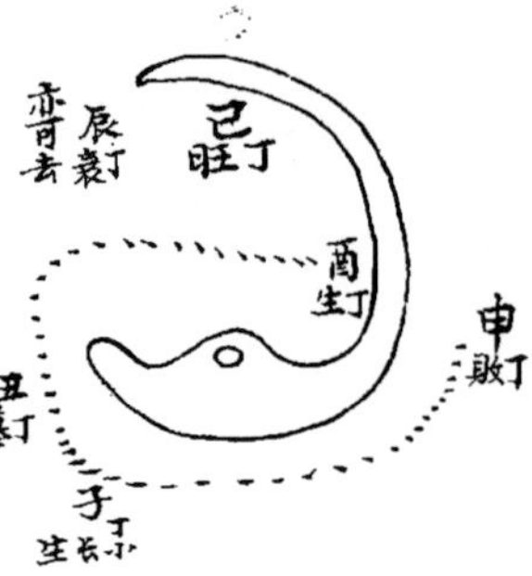

右水倒左遶後出文口者宜立四維向則四隂之長生從右来過内堂而出墓口四隂之小長生從左邊遶後而出文口式生接續所謂以返不絕也

乾坤艮巽
寅申巳亥 四維向

倒左回水生来文去之圖

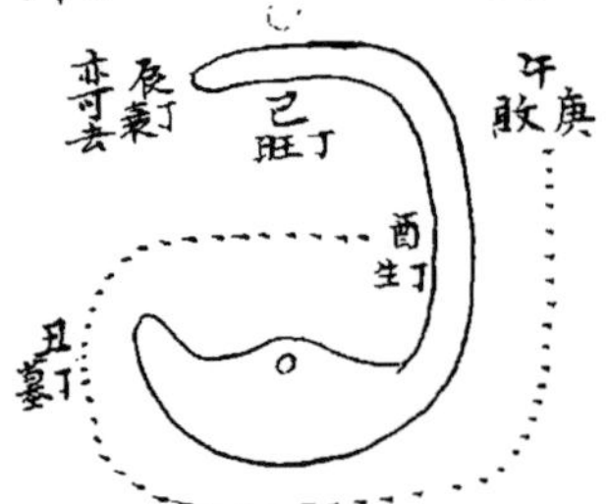

此局仝前但上局去水之口横去係四隂之文口此則再逆上斜出右角乃四隂借四陽之文口也惟此異于前局

向仝上

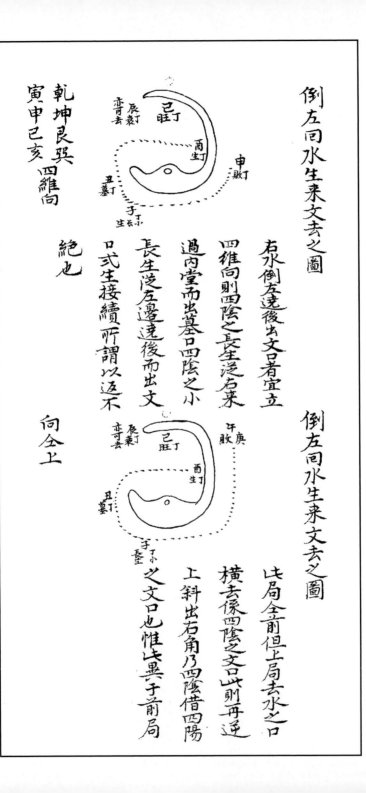

後合城生來墓去之圖

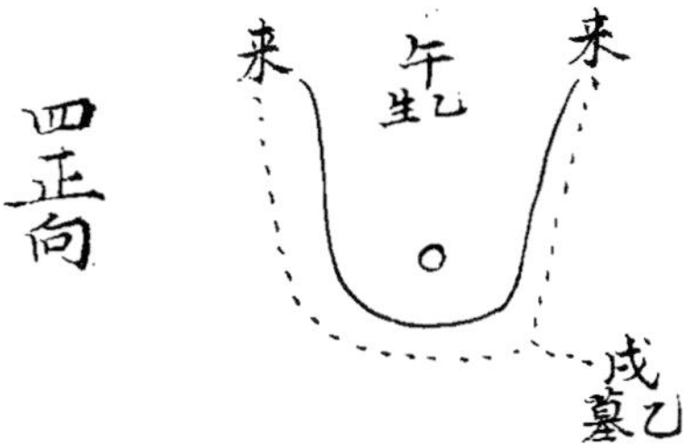

後合局兩水合于右後
而去者宜立四正向則四
陰干之長生從前來上
堂向右後大墓而去也
此倒騎龍局

後合城外口出文口之圖

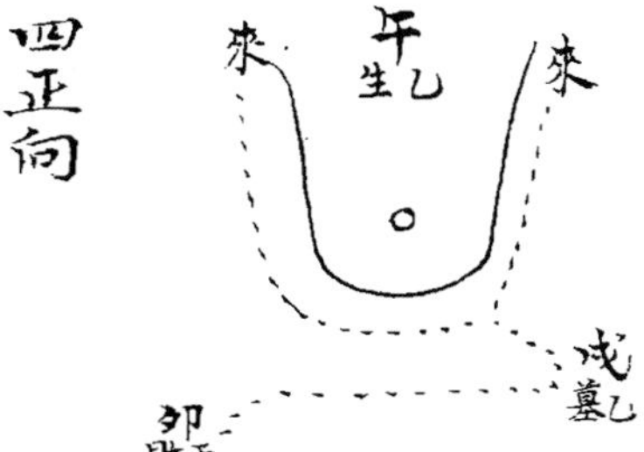

二水合于後右而復遶後左
出者立四正向收之則四陰之
長生從前來上堂内口出墓外
口借四陽之文口而去也

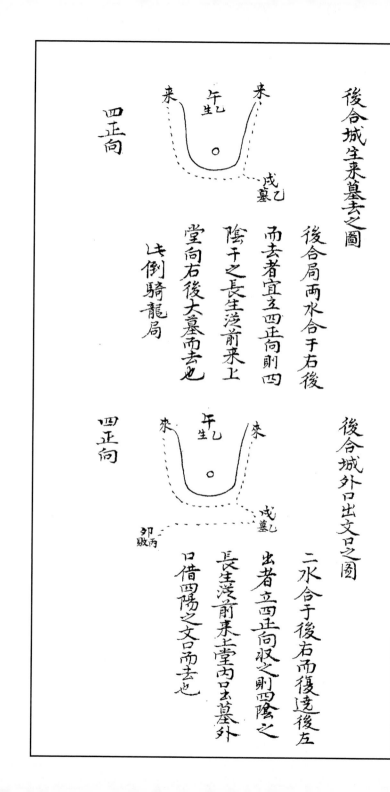

後合城先天文口之圖

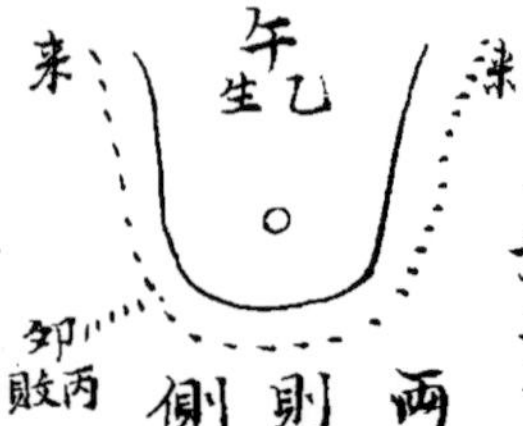

兩水合于後左側而去者宜立四正向
則四陰干之長生從前来上堂向左
側借四陽之文口而去也

後合城外水出墓口之圖

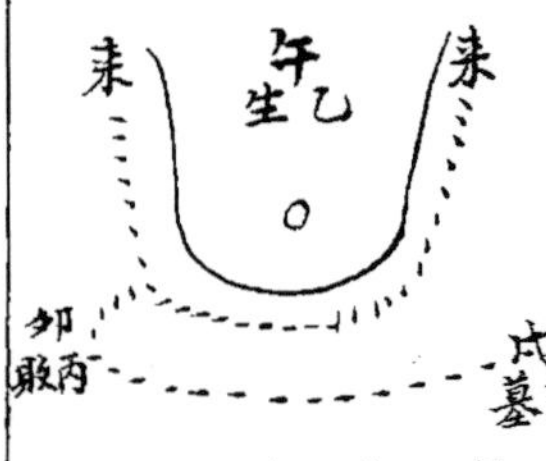

後合二水出于左側而復遶出右者
宜立四正向收之則四陰之長生從前
来上堂内口借四陽之文口外口出墓
而去也

後合城生来墓去之圖

二水合于後出左去者立四維向
則四陽干之長生從前来上堂
出後左大墓而去也

後合城外水出文口之圖

二水合于後左而復出于右者立四維向
收之則四陽之長生從前来上堂内口出
墓外口借四陰之文口而去也

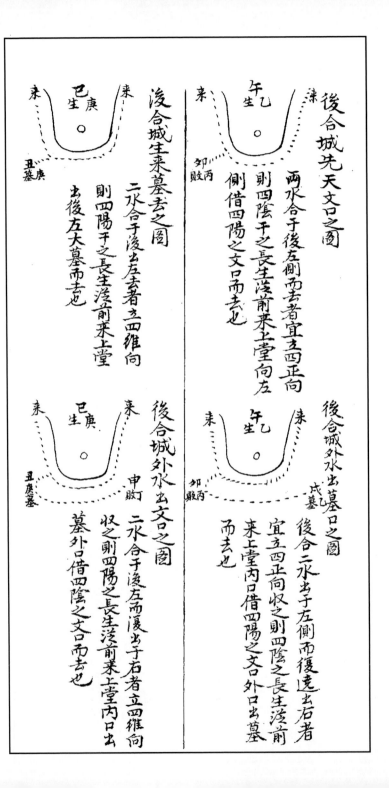

後合城先天文口之圖

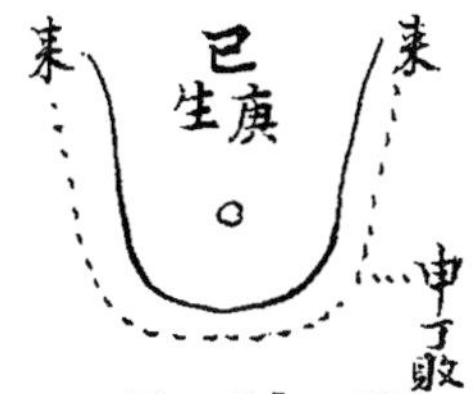

兩水合于後右側而去者宜立四維向則四陽干之長生前來上堂向右側借四陰之文口而去也

後合城外水出墓口之圖

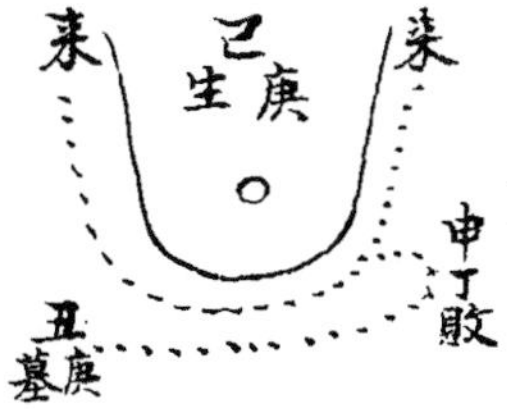

二水合于後右側而復出于左側者立四維向收之則四陽之長生從前來上堂內口借四陰之文口外口出墓而去也

直流去水生來衰去之圖

水流面前合而直去宜立四庫向以收之則左右之生旺齊到會局從衰口而去也

乙辛丁癸辰戌丑未向

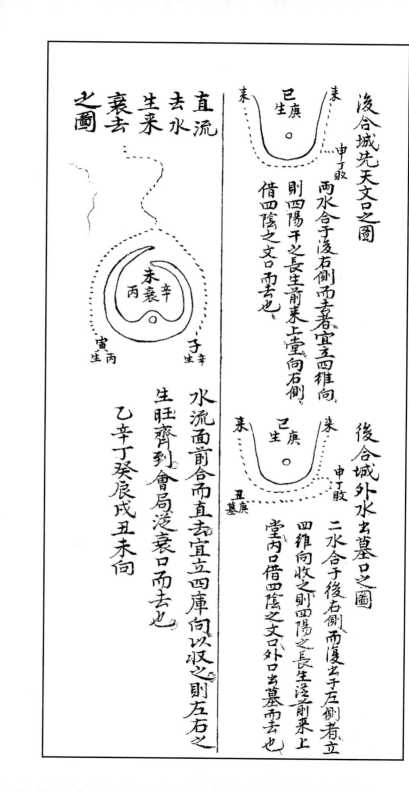

理氣三訣卷之一

古婺葉泰九升父著

向永禎訣

配向說一

今之談地理者誰不曰收山出煞使彼誠然山收而煞出則地理已無餘事矣雖然談收山出煞者多精收山出煞者寡試問其所以收所以出彼又夢夢也夫收山出煞為地理第一義豈容竟作空談不求其實用乎所謂收山者龍得其向是也龍得夫配合之向為山收出煞者水得其方是也水去於死絕之方為煞出山不收則雖棟殿屏帳之龍總歸虛談煞不出則雖之玄澄聚之水俱屬無用出煞之法余詳無事訣中其收山之法則備

具于左云

○配向說二

青囊經地理家之鼻祖也三篇咸論陰陽妙理並無禍福等說惟下篇云陰陽相見福祿永禎陰陽相乘禍咎踵門其言禍福僅此夫地理所以卜禍福青囊所以明堪輿其言禍福而僅此則龍向之純駁為禍福之主宰無疑陰陽相見者陰龍見陰向陽龍見陽向也陰陽相乘者陰龍遇陽向陽龍遇陰向也相見則福相乘則禍者山之收不收故也雖然龍向之法固以陰陽為主而盡美之中又有盡善之道焉純淨之中兼得納甲配卦三合貴人之例天星喜忌之宜不犯八曜尅制之煞方與本龍有情為盡善而無疵焉

○配向說三

龍向相配之法先賢所取而定者其例有六一曰淨陰淨陽二曰八卦正配三曰納甲一氣四曰三合三方五曰干支貴人六曰天星喜忌其淨陰淨陽之說無庸言矣至八卦正配者如震為長男與巽為長女為正配震庚亥未龍立巽辛向是也納甲一氣者如震庚亥未龍即立震庚亥未向為干卦自配是也三合三方者如坤申壬子乙辰龍立坤申壬子乙辰向為三方互相配是也貴人者如亥龍立丙丁向丙丁龍立酉亥向是也天星喜忌者如亥為天皇貴星立壬山丙向坐四輔而朝太微是也先賢之法止此近世徐試可撰出五合墓合借向等說牽強支離每龍各廣數向正法蒙蔽甚矣余將六例細列于後一覽了然使玉尺催官之理彰著于世不致為僞説所惑而悞用其廣向也

淨陰净陽

震庚亥未兌丁巳丑艮丙巽辛龍當立此十二向為净陰不雜
離壬寅戌坎癸申辰乾甲坤乙龍當立此十二向為净陽不雜

八卦配合

震庚亥未龍　正配巽辛向　次配兌丁巳丑向
離壬寅戌龍　正配坎癸申辰向　次配乾甲向

巽辛龍　正配震庚亥未向　次配艮丙向
乾甲龍　正配坤乙向　次配離壬寅戌向

兌丁巳丑龍　正配艮丙向　次配震庚亥未向
坎癸申辰龍　正配離壬寅戌向　次配坤乙向

艮丙龍　正配兌丁巳丑向　次配巽辛向
坤乙龍　正配乾甲向　次配坎癸申辰向

後天八卦分父母六子以成配偶故乾坤二卦為父母正配震巽二卦為長男長女正配坎離二卦為中男中女正配艮兑二卦為少男少女正配此經常不易之大道故龍向得其正配謂之陰用陽朝陽用陰應最美之局也次配之法由青囊之例以乾坤坎離為陽震巽艮兑為陰陰陽不容駁雜於于四陽四陰之中正配之外各取其男女相見亦成配合如艮為少男不得少女兑之向而取長女巽之向雖非正配而男女相見自生慕悅之情此次配之向繼于正配而可取也

○納甲

十二陰龍立十二陰向震庚亥未巽辛兑丁巳丑艮丙

十二陽龍立十二陽向離壬寅戌乾甲坎癸申辰坤乙是也

納甲者以八卦為陽為夫干支為陰為婦配合而成一家者也

三合

艮丙辛寅午戌龍立艮丙辛寅午戌向　坤壬乙申子辰龍立坤壬乙申子辰向

巽庚癸巳酉丑龍立巽庚癸巳酉丑向　乾甲丁亥卯未龍立乾甲丁亥卯未向

內選不駁雜者用又地支處不作三合地支向

龍向之取配合者以不配合則其情不相聯也三合雖非配合之法而三方相合其情相聯故其向亦有可取催官以龍向合成一局恐太過而為煞而干支相向如坤壬乙龍作申子辰向申子辰龍作坤壬乙向以干配支止有情之聯並無煞之會則三合之

向自不可泥在不得概從支龍支向之說而廣之也

○貴人

丙丁龍　立亥酉向　　亥酉龍　立丙丁向　　庚龍　立丑未向

丑未龍　立庚向　　乙龍　立申子向　　申子龍　立乙向

其干支貴人陰陽駁雜如辛之貴人在寅午之類不可立向故不錄

貴人在諸十干化合而出如甲以己之所臨為貴人己以甲之所臨為貴人也立向之法以配合為主貴人乃十干之配合故貴人可取向夫祿馬貴人同為吉神貴人有向祿馬無向者祿馬無配合貴人有配合故也

○天星

亥天皇 艮天市 丙太微 丁南極 巽太乙 辛天乙 兌少微 庚天漢

卯衡陽 巳天屏

已上十龍係尊貴之星吉善之曜各喜相同

天星之貴賤不同其性情亦有善惡剛柔之各異故吉秀之星吉與吉秀之星相從凶惡之宿凶與凶惡之宿為伍易曰本乎天者親上本乎地者親下亦各從其類也故吉秀之龍不可立凶惡之向凶惡之龍亦不可立吉秀之向若相類相從則不能為福矣

○八曜煞

坎龍坤兎震山猴、巽雞乾馬兌蛇頭、艮虎離豬為惡曜、墓宅逢之立便休、

此卦氣最凶之殺、雖陰陽不駁、亦不可向、若悞犯之、必遭横禍、

○悞扦九惡向

兌龍丙午向　卯龍坤申酉向　艮龍午坤向　寅龍午向　巽龍酉向　離龍乾向

坤龍卯向　兌龍巳向　壬子癸龍巳向

認氣不清、悞犯此惡向、必發大凶、

○立向雜論

十二支龍、俱可直龍直向、以其陰陽純净也、直龍直向穴宜偏倚、使氣仍從耳入則吉、若

頭主穴氣沖腦散犯婁金煞大凶

立向須明腰耳乘氣之法如艮氣入首若右落則宜左耳乘氣立丁向左落則右耳乘氣立庚向艮龍立巽向是左腰乘氣之法若不知左右乘氣之法則龍氣拂耳不入雖得吉向無用

一龍數向係先賢所定偽書局不合亦不得挑定此數向但合净陰净陽不犯八煞悞向俱可扦立

立向雖以龍爲主然必要消納得砂水方可時術不明消納之法挑定某龍某向水煞消局害人不淺

水法無事訣 縫針水法

○地理一禍福之説

地理之書、一禍福之書也。曷言之、自人之有生死也。于是有塟道焉。自塟之有禍福也。于是有地理之説焉。故曰地理者、一禍福之説也。然地理為禍福之説、人共知之。而地理之所以為禍福處、人則不知也。余請得而詳道之。人稟天地之氣以生。禍福莫不聽于天地。故即死骨亦不得背逆天地之道焉。人之生也。氣聚而生。氣盡而死。故死骨必得生氣而後獲福焉。郭氏曰。塟者、乘生氣也。地理之有剋擇。所以乘天之生氣也。地理之有水法。所以乘地陽之生氣也。地理之有穴法。所以乘地陰之生氣也。而禍福即出于是焉。得生氣則吉，逆生氣則凶也。天道剛而動，故年月之禍福最急，即見于周年半載之間。地道固靜，故水法之禍福則次于年月。近則六年，遠則一紀，無不驗者。而龍穴為靜中靜，其驗遲久，未必即見。故水法尤急也。蓋水法之禍福較之年月則久而可恃，較之龍穴則速而有驗，故地理禍福之說，一水法而已矣。

禍福一水法之說

夫人之葬，求在穴也，則禍福一責轄于穴矣。而古仙云：有絕水，無絕穴，則穴似可輕也，非也。蓋必得穴而後可以得水也。雖然，又有說焉。余見今之得穴者鮮矣，而得水者必貴福，間有得穴而不得水者，仍貴禍，則禍福之關于龍穴者少，而關于水法者多也。而世之談水法者。莫不以來宜屈曲。去喜之玄。宜澄靜。而忌湍泄。愛方圓。而惡偏斜。奈得此美局。又未即福。每見其凶。此其故何也。蓋因死絕反來冲生破旺也。故曰論形局者偽。論生旺者真。則水法之說。一生旺死絕而已矣。

水法一生旺之說

今世之言水法者。亦知言生旺矣。或以洪範從生山而分生旺。或以玄空從向上而起長生。又或以九星。或以卦例。莫不各有生旺之說焉。其說垂于書。傳于世。亦似可稽。然卒不驗者。以不得生旺之真也。蓋水法止有一理。並無二致。豈得有數十家之紛紛乎。皆因古今奸術。托古仙之名。造偽妄之說。以神其術。而惑世也。故今日而言水法之生旺。但當問其驗与不驗。其不驗者，雖其說離奇玄妙，亦不可從。何也？蓋水法者，求其有驗也。其有驗者，則真。而水之驗，莫過於青囊、玉尺。青囊止論一向，玉尺則龍向皆論。然其說以龍得生旺而向非生旺者仍凶，龍之死絕而向家收之生旺者反吉。夫龍既無權，而禍福悉聽乎向，則玉尺之說亦屬多事，不若青囊之簡而明也。則水法生旺之說，一向方而已矣。

生旺一向方之說

夫穴埋于実，向飛于空。寔者，地也；空者，天也。故穴秉地氣，向司天氣。水之為物，避実而走空，雖行于地，実統于天，是以水之生旺屬于向而不涉于龍也。此說也，幸古人有先我而言之矣。妙夫郭氏之言曰：朱雀源于生氣。朱雀者，即向水也；原于生氣者，水咸從生方來也。如左水倒右立一甲夘向。則甲木之生氣從亥來也。右水倒左立一乾亥向。則癸水之生氣從夘方來也。水從當面直去。立一丁未向。則丙火辛金之生氣從子寅齊來也。至于朝來之局。倒左者。亦以生向收之。倒右者。亦以旺向收之。則旁來者為生氣。正朝者為旺氣。故正面有水朝來之局。多主富也。回龍之局。則另有說焉。蓋龍回則水遶穴後。面前倒左。而穴後終倒于右。面前倒右。而穴後終倒于左。蓋回龍面前是水源。背後是聚水處。与横水竟倒左右去者不同。故是面前左水倒右。反以生向收之。雖其來于生。會于旺。而出于墓也。是右水倒左。反以旺向收之。欲其來于旺。聚于生。而出于墓也。總之生方為源。過旺而出墓者。甲丙庚壬之生氣也。旺方為源。過生而出墓者。乙辛丁癸之生氣也。此横水回龍

咸無異者也故得其向則局〻收生氣失其向則局〻破生氣故云無絕水有絕向此之謂也雖然此後天之生旺也又當知先天之說焉

○生旺有先天之說

水法者一生旺墓也何以有先天之說焉抑知先天者天地之玄也蓋來于生旺之方為八干之生氣去于墓庫之方為八干之死氣若此者後天也乃有來于八干之絕方去于五行之沐浴大反于生旺墓之位而顛〻倒〻不合于倒左倒右之理此之謂先天也其來于絕方而何以吉也蓋五行之絕地名曰受氣曰小長生萬物不可終絕故絕處逢生絕而逢生即生氣也故吉也其去于沐浴而何以吉也蓋生旺之方獨一沐浴為敗地敗

地不妨流破也。夫水法以來水主財祿。去水主人丁。其所以主人丁者、以墓方為陰陽之正交。如乙丙趨戌。辛壬聚辰之類。惟交故有生氣。所以主人丁。故水必從其從墓方去也。他方陰陽不交。故水不可去。惟沐浴為五行敗地。為陰陽之亂交。交則有生氣。故亦發人丁也。此沐浴之所以吉也。絕方來而沐浴去。取八干受氣之初。故曰先天也。然先後二局總不出于生旺衰之三向。而向方之吉凶。的以縫針為准。故不可不知縫針之說也。

向方一縫針之說

正針出于八卦。八卦者八山也。經曰氣從八方。故行龍定向的以正針為主焉。縫針出于十二支。十二支者雙山也。生旺墓分十二支。故水法的以縫針為主也。蓋縫針之雙山、因

在先天一　之內。故用之以分生旺而不亂。若正針之干維則並　支之氣。故用之定水則生旺易錯也。如正針丙向兼午則左水倒右吉若錯巳則左水為死絕上堂而凶矣蓋水法之凶吉定于向之生旺墓而向之生旺墓定于縫針之坐山則地理為地理禍福之樞紐。而縫針又水法之樞紐也。惟知縫針而後可以知禍福。知縫針之禍福不出于生旺墓之一理。而饒饒于縫針之向焉。則地理思過半矣。並其所以饒饒于縫針之向者地理一禍福之說也。

山中形局論

夫水之生死氣從向而分。然向非憑空而立也。實因形局之所宜而定焉。故不明形局則不能定向也。而形局有七。有横水城、斜水城、回水城、織水城、朝來城、直去城、後合城。以此七城爲經。而緯之以正庫、借庫、正文曲、借文曲、四口。于是辨其宜生、宜旺、宜衰之三向也。横水有生、旺、衰三向。斜水亦生、旺、衰三向。回水生、旺二向。織水生、旺、衰三向。朝來生、旺二向。直流僅衰一向。合水生、旺二向。七城、三向、四口。共得五十局。再繫之于金、木、水、火。分爲二百局。則山中水城之圖局大備矣。

立向說

形局雖由天成。而山向則由人立。苟天成之美地。而人一錯其向。則召吉迎福者、反召凶迎禍矣。立向之法、可不講歟。夫立向之道。一觀左右旋。二察明堂局。三証之以水口。而後向可不失也。左右旋者。如左水倒右。則為左旋陽氣甲丙庚壬之流行也。右水倒左。則為右旋陰氣乙辛丁癸之流行也。四陽先天之受氣。後天之長生。皆出于寅、申巳亥。故來源觀寅申巳亥。四陰先天之受氣。後天之長生。皆出于子午卯酉。故來源觀子午卯酉。然其來源則由向方而定也。察明堂而證水口者、所以定來源而辨向也。如明堂在南。左水倒右。是巳午未三向。則以寅為來源。以寅為來源者、蓋既生亥子丑三山。則亥氣不行而左邊之氣必出于寅也。出于寅、則為庚之受氣。丙之長生。為庚之先天。丙之後天。故以庚為源、則局非庚必丙也。丙氣易收。若欲收庚立巳向。則音證之于去口。若水出午未。則為庚之敗口。出于申、則為庚借丁之敗口。去此二口。可立庚向巳以收之。若不出此二口、則不可用宜立丙之旺衰向午未以收之生亥子丑三山則用寅源而收庚丙若一生寅朝申則寅氣又不行而非庚丙之局又當以巳而取用矣又明堂在南右水倒左是午巳辰三向則以酉為來源以酉為來源者蓋既坐子亥戌三山則子氣不行而右边之氣必出于酉也出于酉則為乙之受氣丁之長生為乙之先天丁之後天故以酉為源則局非乙必丁也丁氣易收若欲收乙立午向則當証之于去口若出于巳辰則為乙之敗口出于卯則為乙借丙之敗口去此二口則為乙之生向午以收之若不出此二口則不可用宜立丁之旺衰向巳辰以收之生子亥戌三山則用酉源而收乙丁若一坐酉朝卯則酉氣又不行而非乙丁之局又當以午而取用矣凡左旋之水巳午未三向則以寅為源申酉戌

三向則以巳為源亥子丑三向則以申為源寅卯辰三向則以亥為源其挨山排向定水源皆以寅申巳亥也右旋之水午巳辰三向則以酉為源酉申未三向則以子為源卯寅丑三向則以午為源子亥戌三向則以卯為源其挨山排向定水源皆以子午卯酉也夫既同此一源而必分先後天二向者以生旺二向各有本干之氣主之如巳午二向為庚丙之所主故南面之局左水倒右(午)用丙為後天已用庚為先天也其衰向可借者以源頭無本干之生氣來故隨他干之氣流行而可收他干之氣如丑山未向左水倒右変(亥)左坐山之右則甲氣不行故隨丙而為丙之衰向也總之來源必用受氣與長生四冲之法也立向必分生旺衰三合之法也四冲列于四方而金木水火之位定体也三合吊于三方

而金木水火之氣行用也依為水源用以收之此不易之妙若不知此而罔請來源去路冒昧立向當用先天反用後天當用後天反用先天則皆天成之形局逆五行之運行而欲召吉迎祥也得乎此人事之失非天也天地人之不可缺一也

地有二局說

凡地之水雖分倒左倒右然必竟兩边俱有水入堂止有一边水來百中之一二也故一地之水必先後二天之法俱備蓋先天主秀慧後天主財福寧有美地而缺其一乎若止有後天一边水者出蠢富少秀氣止先天一边水者出聰俊少財祿且主房分不均此則不足之地也故凡地多兩局俱全其吉其凶則在立向失與不失耳

向法宜精熟說

夫向与水城乃天造地設之局也既有來源自有去口既有來源去口自有收此來源去口之向一得其向無不丕洽不得其向而來源固來非向家之來源則來非生氣去口固去非向家之去口則去非敗絶滿局皆敗矣此向法之宜精熟也将于向法者登穴而觀水城一得其向則來源去口不必下盤針而先知之矣豈有異術哉蓋其來其去本天造地設此理當然則其氣自然而然故形局自無不然並無毫忽之勉強者彼知之而所以先知也倘向法不精或顛倒生死令人絶嗣或得一失一房分不均此皆人事之過也

文庫雜用說

先天之局水出文庫必龍真穴的者可用若尋常小地及攢唇之局必須用後天墓口衰口方穩當無失倘水口文庫不真而輕用先天消去致令死絕反逆冲破生旺其不敗乃事者鮮矣先天之法世人不易知亦不易用知先天之法而不敢輕用先天之法方為善用先天耳

認去口訣說

水口認得真方可施先後天之向果然文庫方可用生向收之不則概用旺衰二向為穩然又有說焉一味穩當倘當用先天而不用先天則亦皆逆山川之真性情矣烏能召福乎夫不敢用先天者皆由認水口不真也今將認水口之法為訣于後令人易曉而使于

用向云水口者堂水流入客水處是也世人不知此故則不知真水口而所指之水口皆錯余為之訣曰

來源易知　去口難識　非葫芦腰　非犬牙織　血脉盡處　方為真的
知其竅者　不差寸尺　不知竅者　如面墻壁　訣与後人　庶不差忒

論放水

穴中溝水放出穴前要逆堂水若堂水出墓者溝水要出沐堂水出沐者溝水要出墓凡口宜正針乾坤艮巽甲丙庚壬不可放地干也

後天生方為源旺方為內墓方為口解

經曰朱雀源于生氣派于未盛朝于大旺澤于將衰流于囚謝自郭氏言之後人未有精究其義者楊公引而不發劉公發而不明所以此言不彰著于人世抑知水法之妙不過引此生氣上堂耳朱雀者穴前水也源于生氣者水從長生發源也派于未盛者合諸水而過沐浴冠帶臨官位也朝于大旺澤于將衰者聚于旺衰之鄉故向必朝旺衰二向也流于囚謝者去于病死墓絕也昌言其原于生氣也如左水倒右為左旋陽水立丙午旺向則丙火之生氣自左而上堂從右方囚謝而去或借立丁未衰向其來去同旺向右水倒左為右旋陰水立艮寅陰木向旺則乙木之生氣自右而上堂從左方囚謝而去或借立癸丑衰向其來去同旺向若左右齊到立辛戌向則左邊為庚金之生氣右邊為癸水之

生氣齊來上堂。蓋庚金旺酉。而衰戌。癸水旺亥。而同衰于戌也。旺衰為向。能引生氣上堂。流囚謝而去。此後天水法。止用旺衰二向也。余為之訣曰。長生只為源。旺衰向上守。若問墓絕用。止去作水口。

借庫解

乙、丙、趋戌。辛、壬、聚辰。斗牛納庚、丁。金羊收癸甲。八干納于四墓。則水法止有四庫也。而何以有借庫之法乎。抑知正庫者同冠者同墓。如乙冠于辰。而丙冠辰。故乙丙陰陽相配。而同墓于戌也。借庫者。衰方也。衰何以為借庫。遇同養之陰陽也。如丙養于丑。辛亦養丑。同養者年相若。非若一老一少之不可配合。故丙左旋、辛右旋、相遇于未。雖不若生旺互用之真夫婦而亦可配可合之殆夫妻也乙丙同墓故為墓合丙辛同養故為三合既陰陽之相遇復情好而相合焉得無生育之功哉夫去口主人丁故取陰陽之相交若陰陽不交則水不可去今既交矣水何不可去乎此庫之所以可借也

先天絕方為源長生為向沐浴為口解

正局之生旺墓者猶人之少壯死既出胎之初終末也此為後天之局其理易明若夫先天之局以交媾受氣為始成胎為中既生而沐浴為末此受胎之初終末也其理幽而難識蓋一人之身有未生已生二局未生以十月為一局已生為百年為一局未生則生而局完矣已生則死而局完矣二局各有始終故先後天各有其法也先天之局以絕方為

受氣故以絕方為源以長生為向以沐浴為去口絕方何以云受氣蓋陰陽不交則無生氣也陰陽既交則生氣流行四墓之地陰陽交媾之竇也墓之左為陽干絕位即陽干受氣之始也墓之右為陰干絕位即陰干受氣之始也故古人以絕為小長生蓋自受氣而成胎自成胎而養胎胎養成而長生既生而沐浴則後天之事起而先天之事完矣故水法亦有先後二天之局也後天以長生為始故必取長生上堂以墓方為終故必以墓方為去口先天以受氣為始故必取絕水上堂以沐浴為終故必沐浴為去口流神合此二局者無不發福背此二局者無不生凶蓋逆二天之序則凶順二天之序則福理所必然故始皆宜來終皆宜去非有二理也然必辨其為何局者當先觀其水口水出墓者則知

其為後天局也當用旺衰二向以收長生之來源水出沐口則知其為先天局也當用八干生向以收受氣之来源如左水倒右過堂斜去出于甲丙庚壬口者四陽干之沐口也則當用四維四陽干之生向以收之若水不斜去而再曲抱出于乾坤艮巽口者為四陽借四陰之沐口亦以四陽干之生向收之右水倒左過堂斜去出于乾坤艮巽口者四陰干之沐口也則當用四正陰干之生向以收之若水不斜去而再曲抱出于甲庚丙壬口者為四陰借四陽之沐口亦以四陰干之生向收之後天水法水出正庫借庫共有十二口故向易立而水易消先天水法水出正沐借沐止有六口故立向不可不精細若水口不真則吉凶反掌矣大抵先天之氣清主出聰明貴秀後天之氣盛多主財祿厚福先天

止有長生一向沐浴一口余為之訣曰受氣為來源長生向上守此為先天法出水用沐口

借文庫解

陰干生于四仲而逆行故寅申巳亥為四陰之沐浴陽干生于四孟而順行故子午卯酉為四陽之沐浴則沐浴止有一口也而何以有二沐口哉盖沐浴者桃花之敗地無耻亂交之所也如乙丙二干相配之男女也丙敗于卯者卯為乙之家丙至此而遇乙故丙亂交于乙也乙敗于巳者巳為乙之家乙至此而遇丙故乙為丙亂交也丙至巳而見乙之沐浴故亂交丙故可借乙之沐口乙至卯而見丙之沐浴故亂交乙故可借丙之沐口也

然可借者亦彼夫婦二干耳至若他干氣不相通豈能借哉

先後二天循環不絶解

先天之局源于絶位去于沐浴後天之局源于長生去于大墓出于沐者先天之事終後天之事始由先天而入後天也出于墓者後天之事終先天之事始由後天而反先天也葬經所謂一返不絶也二局互續如環無端此天地之道所以生生不已而人物無窮者欤

不取墓向取衰向解

四庫曰墓者從八干之墓而得名如寅午戌局以戌為墓者以丙火生寅旺午順旋而墓

戌乙木生午旺寅逆旋而墓戌故戌曰墓也若作辰山戌向左水倒右似宜為丙火陽局然丙火生氣隔在辰山之右不得從左而流行既無丙火之生氣流行則戌不得仍為丙火之墓向也辰山之左巽巳之位乃庚金之生氣也則左之水明係庚氣之流行庚金旺酉而衰戌故戌為庚之衰向也戌向右水倒左似宜為乙木局然乙木生氣隔在辰山之左不得從右而流行既無乙木之生氣流行則戌不得仍為乙木之墓向也辰山之右甲卯之位乃癸水之生氣則右旋之水明係癸氣之流行癸水生卯而旺亥衰戌故戌為癸水之衰向也寅申巳亥為左旋之長生為右旋之帝旺子午卯酉為右旋之長生為左旋之帝旺此八干為八干之尊氣故無借向之法辰戌丑未為八干養冠衰墓之鄉為八干

之雜氣雜氣故附随于左右旋而附于帝旺而水法亦全旺向之法至哉郭氏之言源于生氣朝于大旺澤于將衰于十二位中只指出生旺衰三字而以未盛因謝了其九位可以知生方為源旺衰為向蓋來源朝向為水法之主宰得旺衰之向自能收來方之生氣而滿局皆吉神失旺衰之向則反撥死氣于來方而全局皆凶煞矣然旺向易知而衰旺難知故為之一辨

墓向可借為衰向説

墓向可借為衰向者以其不引動他干之死氣故可隨左右旋而借向也如面南之局左水倒右宜立午為丙火旺向若右水倒左而立午向則午仍為丙之旺向而右來之水為

死氣上堂而凶矣右水倒左宜立巳為丁火旺向若左水倒右而立巳向則巳仍為丁之旺向而左来之水為死氣上堂而凶矣至若未向無八干之旺氣而無八干主管倒右陽局氣即從陽而行丙火之事来生去死並無反逆之凶倒左陰局氣即從陰而行辛金之事来生去死並無反逆之凶故未本為亥卯之墓亦而可借為丙辛二局之衰向也蓋未為癸甲墓地今局毫無癸甲之氣流行全是丙辛之氣流行則未烏得不從丙辛之氣而為丙辛之衰向乎

衰方水可来去衰向水可左右倒說

衰為旺之餘氣而附于旺經云冠臨衰旺無殊故衰方可来也衰為囚謝之始四墓之地

為八干之借庫故衰又可去也訣云惟有衰方可去來者以此經云澤于將衰澤者蓄也聚蓄之處理宜朝之故衰次于旺而可向然衰向水可左右倒者何也盖衰方乃四庫雜氣不得自主左旋則附于陽干四仲之旺右旋即附于陰干四孟之旺既附于旺則能收來源之生氣故水可左右倒也盖孟仲八方各主一干之旺氣故為專氣而不變四庫無旺氣故隨左右旋而附于八干之旺氣也如丁未二向為丙辛之衰地不得執為丙之衰亦不得執為辛之衰故左旋丙氣流行即從丙而附于午右旋辛氣流行即從辛而附于申附于申則水可倒左附于午則水可倒右而皆能收來源之生氣去水于囚謝者也

水城立向說

天徒氏曰世人喜談地理開口便說某祖山某來龍某主星某青龍某白虎某朝案斷吉斷凶鑿鑿這原是巒頭形局應該看的不思地理者本合山水而言者也山与水對待而設緣何只談巒頭形局不談水之形局若只看山不看水此之謂知高不識低知後不識前得一半失一半何貴乎談地理也山有形局既名巒頭水亦有形局則曰水城巒頭形局千變萬化水城形局亦千變萬化巒頭形局看岡脊面背水城形局看空界源流何言乎空界源流夫山界水而來界水而去界處即空處於是有橫空有直空有斜空有交錯空空而方空而圓空而尖空而稜角空而屈曲空如簾空如鎖空如結紐空如圍帶空蕩在前空蕩在後空蕩在左邊空蕩趨前左角趨前右角趨後左角趨後右角或開陽或環抱

或迴遶或拱朝狀如反牽凹射者不取也能于空体形局凝神定志看得透熟自然出山之高嵌入水之空裏去水之空𢌿入山之空裏來配起夫婦緊凑一團融結此地若但看高之一半焉能會得山川之真性情耶既能察水城形局又須以理氣定其向方使之來去得所如橫水城形局右水倒左便知是四陰旺向出墓口或為形局所限不能立旺向便可衰向倘是沐口又可生向左水倒右便知是四陽旺向出墓口或為形局所限不可立旺便挨衰向借收之朝水城形局水朝來則迎四陰旺向去墓口水朝來倒右則迎四陽旺向去墓口水直流去便是衰向衰口斜水城形局從右前角而去或生向沐口或旺向衰口或衰向病口從左前角而去亦然纏水城形局水倒右遶後而左去用四陽生向

墓口水倒左邊後而右亦用四陰生向墓蓋因四陽干之生氣在左死氣在右四陰干之生氣在右死氣在左或陰陽干之生氣俱在後死氣俱在前或生氣俱聚在前死氣亦俱聚在後總之源于生旺而流于囚謝也義之進退神生尅入四維奇貴貪狼諸格至矣備矣豈不就向方上得之而向方一得諸水城形局之上巒頭理氣若合符節彼執理氣以求向方者其巒頭水城而形局不爲風馬牛者鮮矣且山水形局譬猶人身人之一身小天地也頭腹手足同山形局喉腕胃腸同水形局口是長生來源胃是旺衰澤處谷道是病死墓絶去流而膀胱之瀉則沐地也假如人身者只有軀殼不有臟腑可乎臟腑不保則氣血精神性情盡飛越矣雖存軀殼不亦僵乎若夫向之干係重且急者譬猶投味于臟腑以

養軀壳也投以茶飯則生矣而精糲不同則貧富有辨投以珍羞又貴矣投以參朮以云救也投以砒投以鴆毒橫禍立見尚欵緩須臾無死其可得乎故向者水之生死係焉水山之生死係焉向未曾立天地自然之山川乃自然之配合常在向既曾立還山川自然之配合于天地今有人焉以主之則大吉大應小吉小應合三才為一家矣得斯道者在于熟識水城之形局

贊

明堂十字　朱雀流源　生庫絕沐　混亂相傳　先賢密旨　誰透其關
惟九升氏　二天劃然　圖備論悉　奪命改天　傳于百世　後學賴焉

十二宮圖一個圈　若來若去自循環　源流任彼行無事　指是先天與後天

○诗东

秘授水法小引

楊公水法[illegible]義出自黃鍾其四生三合之理亦與時[illegible]所遵無異惟五行本源則迴若雲泥所謂翻天倒地對不同秘密在玄空者此也晉郭景純先生精其奧旨丘延翰繼之以造福人提如影响唐筠松楊公得之于[illegible][illegible]寶庫以此救貧者五十年筠松後此法秘而不彰明于世者千有餘歲

矣秘之者何豈楊公眞爲一身養老計哉
世俗之吝鄙耶誠以上天之意福善禍淫
嘗云主人行乖則盲師投懷積善之家則
天必嘿相使此道大著于世人人得而用
之不善者先竊以獲福又何以報大德厚
行者乎所以文廸會子雖親及楊門亦未獲
口授師死然後以悟而得之况廖賴處百
世之下私淑楊曾非天資逈出尋常何能

悟此故賴公得此于晚年而深憫世之無傳也急欲付之梨棗然知爲天人所秘不敢輕洩僅存寫本以戒示後人柰世遠人湮兵焚蠹蝕玄空之名雖存而五行眞源又已盡失其間異體而相淆者同類而失序者種種不一即近代諸君子福世救民亦僅得之于斷簡殘編十數餘向而已以求其全則未有也予究心堪輿已三十餘載

巒頭理氣而外每思得此水法眞如聞長安之美者則出門而西向但見好事輩竟于青囊奧語之下擅以小玄空實之更見今傳天玉經反去本經挨星三合而誤以此法註之或妄分之曰南北或強名之曰四經心竊惟疑實有年矣故爾訪求異人研究至理足跡幾半天下幸一得之于桐山再得之于西泠以此覆對古今名墓已

十合其六而殘鈌混淆者則又無攷焉總之根源未得終不能一以貫通也適一日天啟其聰忽悟之于瞬息始覺黃鍾隔八相生循環終始以及天盤游移從向水裡龍神不上山之義字字源流有序向向立竅相通舉以對時師所用雙山則絲毫不合而以之覆楊曾廖賴董吳張史諸先師所作福地則符節相同予持斯法以福有

緣人已廿有餘載幷親証名墓便紀巒頭水法以備攷者千有餘圖可云閉戶造車開門合轍大玄空秘旨已纖毫不謬矣但予年近望六多病經年回思得此道之如是艱且遠而慮此法之更湮也故不敢自私詳闡其旨而發明其用聊以公之同志一二人別爲圖序于左權用圖書小印畢卽焚之終不敢鐫刻大行懼太洩以致天遣

焉得此者宜珍如金玉秘若親諱凛若神
明囑語但綿此絕學于千古誓不妄傳比
匪以違天意則斯道斯法幸甚諸先師與
予亦幸甚矣

銘曰

前賢秘蹤　曷敢普公
維此寫本　有緣者逢
盟天傳授　機勿洩漏
妄傳匪人　自遭其咎

旹

旃蒙執徐之歲夷則月客廣陵黄石老人鮑

湘襟楚甫識

大玄空五行真訣

訣曰

子乙未乾寅共丙　金向誠堪準

酉癸辰坤亥甲戌　火向見分明

午辛丑巽申壬並　木向堪評論

卯丁戌艮巳同庚　水向論長生

男鮑曰謙二鳴　謨孔彰　甫謹述

子向　己酉丑金局

纂訂生旺同歸于丑庫之圖

子向

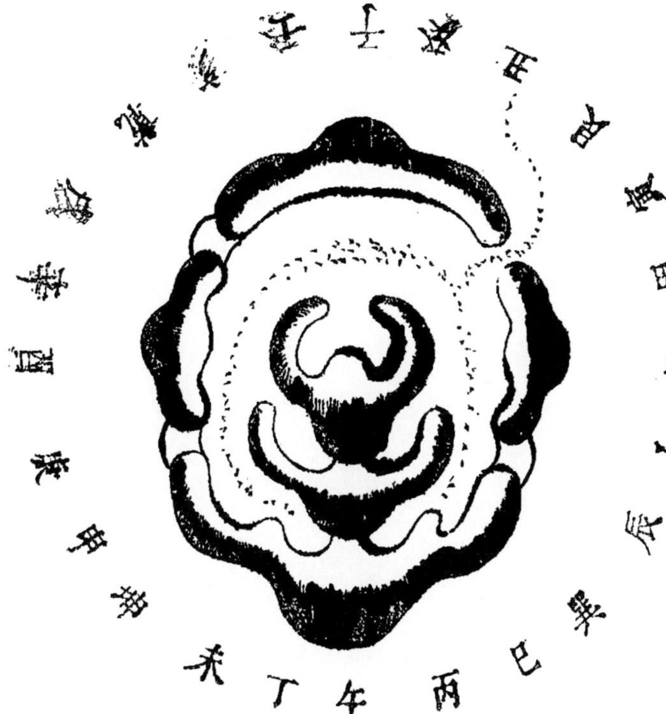
午
丙
巳
巽
辰
乙
卯
甲
寅
艮
丑
癸
子
壬
亥
乾
戌
辛
酉
庚
申
坤
未
丁

乙向　巳酉丑金局

纂訂生旺同歸于丑庫之圖

乙向

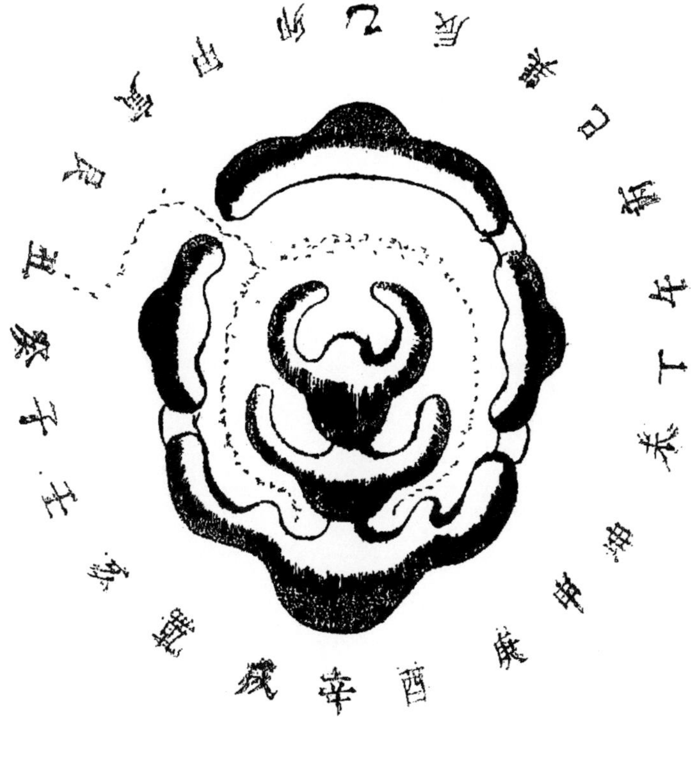
辰
乙
卯
甲
寅
艮
丑
癸
子
壬
亥
乾
戌
辛
酉
庚
申
坤
未
丁
午
丙
巳
巽

未向　巳酉丑金局

纂訂生旺同歸于丑庫之圖

未向

乾向　巳酉丑金局

纂訂生旺同歸于丑庫之圖

乾向

寅向　　巳酉丑金局

纂訂生旺同歸于丑庫之圖

寅向

丙向　巳酉丑金局

纂訂生旺同歸于丑庫之圖

丙向

酉向

寅午戌火局

纂訂生旺同歸于戌庫之圖

西向

癸向　寅午戌火局

纂訂生旺同歸于戌庫之圖

癸向

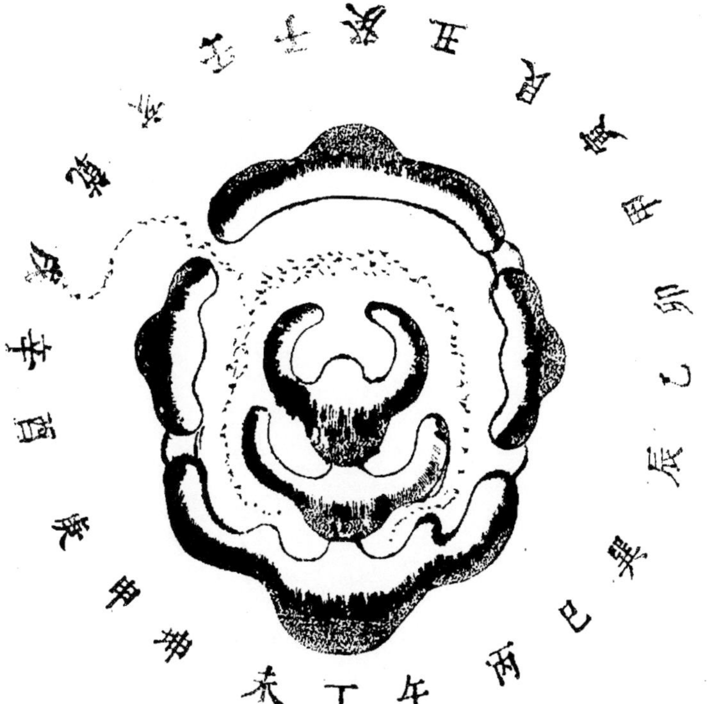

辰向　寅午戌火局

纂訂生旺同歸于戌庫之圖

辰向

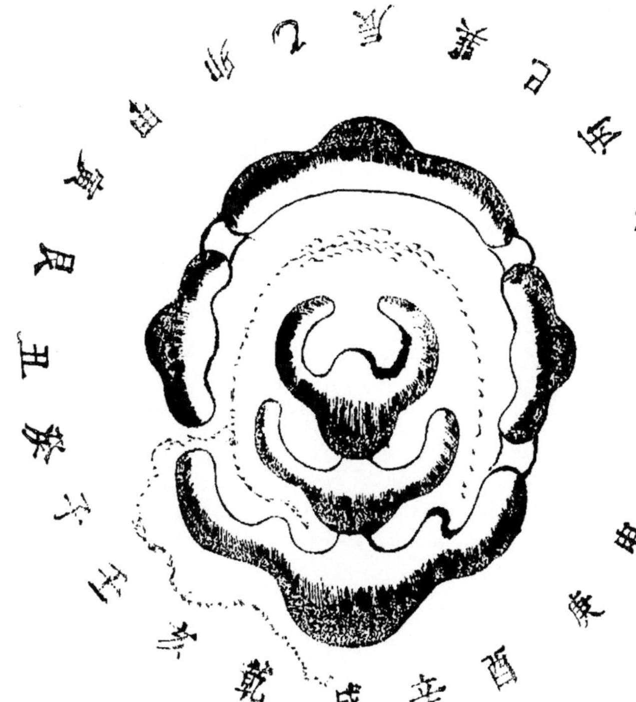
辰
乙
卯
甲
寅
艮
丑
癸
子
壬
亥
乾
戌
辛
酉
庚
申
坤
未
丁
午
丙
巳
巽

坤向　寅午戌火局

纂訂生旺同歸于戌庫之圖

坤向

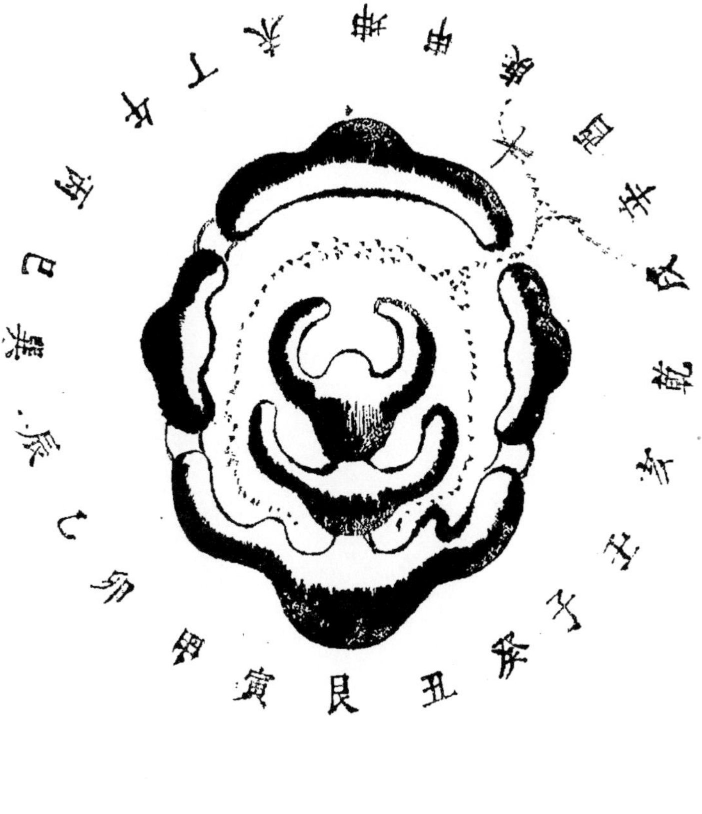
庚
申
坤
未
丁
午
丙
巳
巽
辰
乙
卯
甲
寅
艮
丑
癸
子
壬
亥
乾
戌
辛
酉

亥向　寅午戌火局

纂訂生旺同歸于戌庫之圖

亥向

甲向　寅午戌火局

纂訂生旺同歸于戌庫之圖

甲向

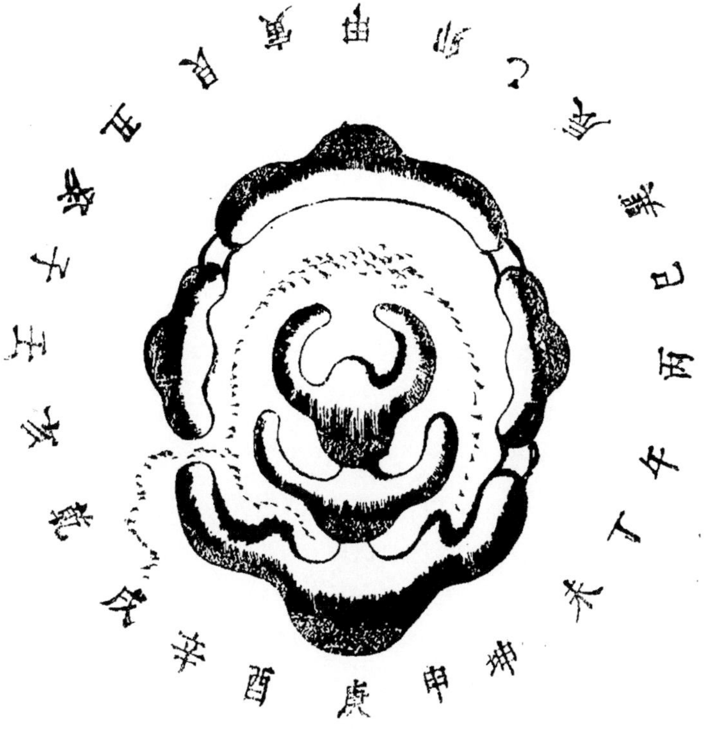
辰
乙
卯
甲
寅
艮
丑
癸
子
壬
亥
乾
戌
辛
酉
庚
申
坤
未
丁
午
丙
巳
巽

午向

亥卯未木局

纂訂生旺同歸于未庫之圖

午向

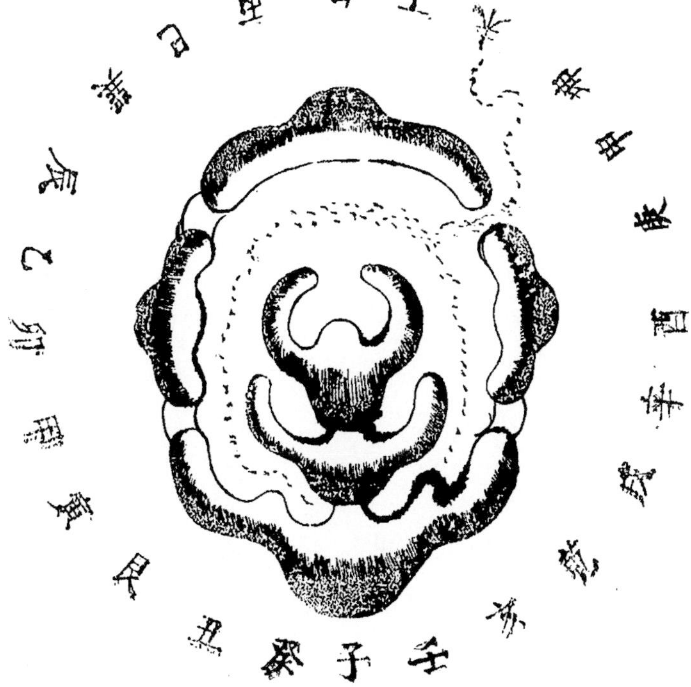

未
丁
午
丙
巳
巽
辰
乙
卯
甲
寅
艮
丑
癸
子
壬
亥
乾
戌
辛
酉
庚
申
坤

辛向　亥卯未木局

纂訂生旺同歸于未庫之圖

辛向

丑向　亥卯未木局

纂訂生旺同歸于未庫之圖

丑向

巽向

亥卯未木局

纂訂生旺同歸于未庫之圖

巽向

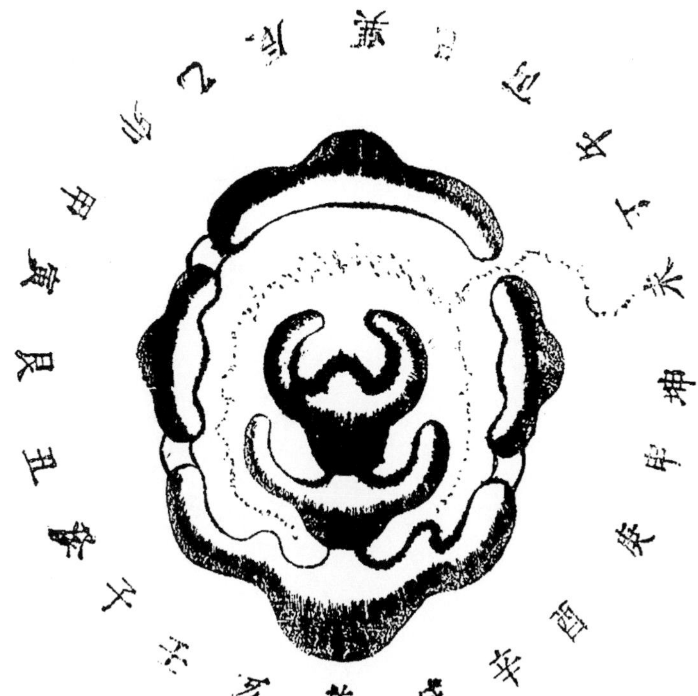
丙
巳
巽
辰
乙
卯
甲
寅
艮
丑
癸
子
壬
亥
乾
戌
辛
酉
庚
申
坤
未
丁
午

申向

亥卯未木局

纂訂生旺同歸于未庫之圖

申向

壬向　亥卯未木局

纂訂生旺同歸于未庫之圖

壬向

卯向　申子辰水局

纂訂生旺同歸于辰庫之圖

卯向

丁向　申子辰水局

纂訂生旺同歸于辰庫之圖

丁向

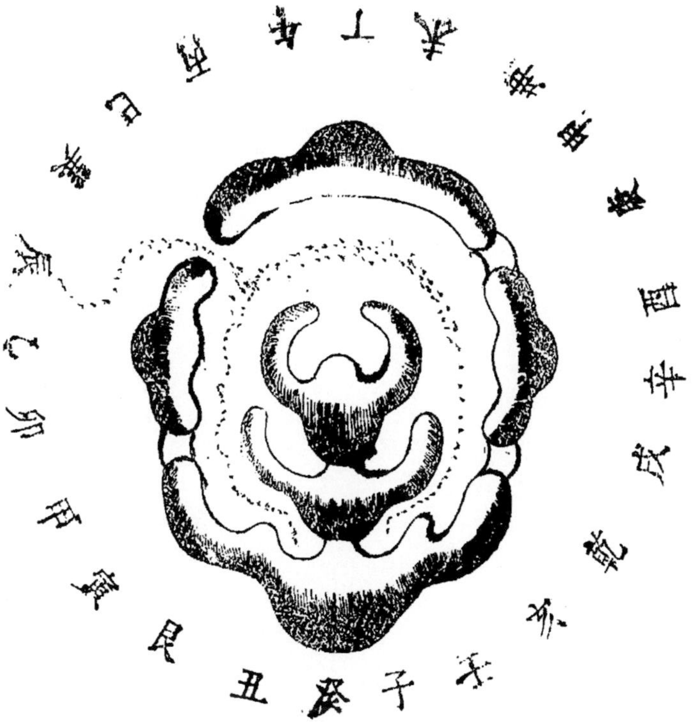
庚
申
坤
未
丁
午
丙
巳
巽
辰
乙
卯
甲
寅
艮
丑
癸
子
壬
亥
乾
戌
辛
酉

戌向　申子辰水局

纂訂生旺同歸于辰庫之圖

戌向

艮向

申子辰水局

纂訂生旺同歸于辰庫之圖

艮向

巳向　申子辰水局

纂訂生旺同歸于辰庫之圖

巳向

庚向　　申子辰水局

纂訂生旺同歸于辰庫之圖

庚向

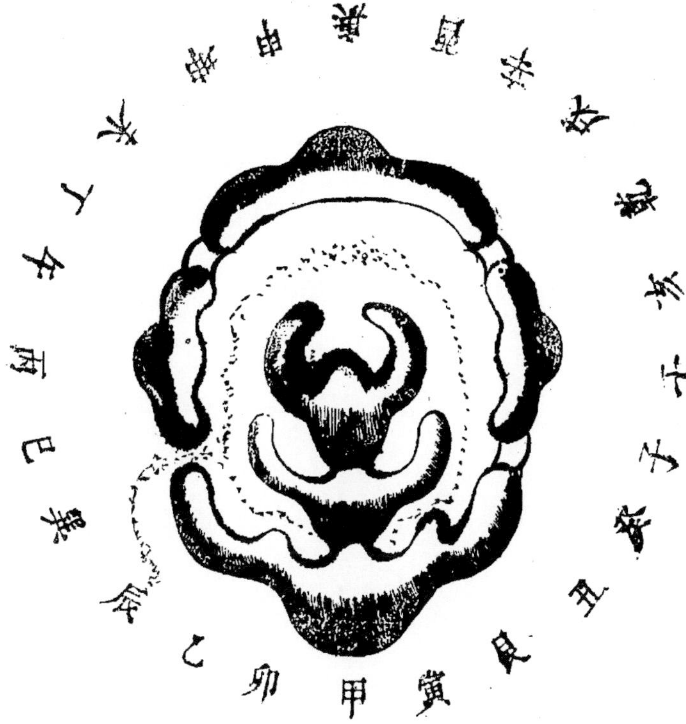
戌
辛
酉
庚
申
坤
未
丁
午
丙
巳
巽
辰
乙
卯
甲
寅
艮
丑
癸
子
壬
亥
乾

心一堂術數古籍珍本叢刊　第一輯書目

堪輿類

章仲山挨星秘訣（全彩色）
臨穴指南
靈城精義箋（全彩色）
堪輿一覽
三元地理真傳（線裝）
姚氏地理辨正圖說
地理辨正補
欽天監風水正論（線裝）
蔣徒傳天玉經補註
三元天心正運（全彩色）
元空紫白陽宅秘旨（全彩色）
羅經舉要（全彩色）
漢鏡齋堪輿小識
陽宅覺元氏新書
地理辨正補註
許氏地理辨正釋義
三元地理正傳（全彩色）
地理辨正天玉經內傳要訣圖解（全彩色）
地理方外別傳
星卦奧義圖訣（全彩色）
地理秘珍
三元挨星秘訣仙傳（全彩色）
欽天監地理醒世切要辨論（全彩色）
地理辨正抉要
地理法門全書
地理辨正抉要
元空法鑑批點本，秘傳玄空三鑑奧義匯鈔合刊
元空法鑑心法
地經圖說
地理辨正自解

謝氏地理書
地理學新義
平洋地理入門、巒頭圖解合刊
平洋地理闡秘（全彩）
華氏天心正運
地學形勢摘要
司馬頭陀地鉗
鑒水極玄經 秘授水法 合刊
地理輯要
地理辨正揭隱 附連成派秘鈔訣要
地學鐵骨秘 附 吳師青藏命理大易數
趙連成秘傳楊公地理真訣
趙連城傳地理秘訣附雪庵和尚字字金
山洋指迷
三元挨星四十八局圖說
張氏地理錦囊
青囊一粟
堪輿秘訣彙釋
風水正原
風水一書
金光斗臨經

命理類

命理大四字金前定數（全彩色）
韋氏命學講義
命理斷語義理源深
千里命稿
文武星案上下卷
精選命理約言
斗數宣微
斗數觀測錄
地星會源斗數綱要合刊（全彩色）
皇極數（1－4）
星命風水秘傳百日通
鐵板神數（清刻足本）——附秘鈔密碼表
邵夫子先天神數（1－2）
斗數演例（全彩色）
滴天髓闡微——附李雨田命理初學捷徑
算命一讀通——鴻福齊天
命學採驪集

命理用神精華（原本）
澹園命談
命理尋源
新命理探原
滴天髓微義

占筮類

擲地金聲搜精秘訣
卜易拆字秘傳百日通
易占陽宅六十四卦秘斷

相法類

相法易知
相法秘傳百日通
新相人學講義
手相學淺說
神相全編正義
相門精義

三式類

壬課總訣（全彩色）
六壬教科六壬鑰
壬學述古
奇門揭要（全彩色）
奇門大宗直旨（全彩色）
奇門三奇干支神應（全彩色）
奇門廬中闡秘（全彩色）
六壬秘笈——韋千里占卜講義
奇門行軍要略
大六壬類闡（全彩色）
大六壬尋源二種
秘鈔大六壬神課金口訣
秘傳六壬課法附金口訣
大六壬指南
甲遁真授秘集
大六壬尋源二種（上）（下）
奇門心法秘纂（全彩色）
奇門仙機（全彩色）

其他類

述卜筮星相學

中國歷代卜人傳